ŒUVRES COMPLÈTES

DE

SIR WALTER SCOTT.

Traduction Nouvelle.

PARIS,

CHARLES GOSSELIN et A. SAUTELET ET C°,

LIBRAIRES-ÉDITEURS.

M DCCC XXVIII.

ŒUVRES COMPLÈTES

DE

SIR WALTER SCOTT.

TOME SOIXANTE-QUINZIÈME.

IMPRIMERIE DE H. FOURNIER,
RUE DE SEINE, N° 14.

LES CHRONIQUES DE LA CANONGATE.

DEUXIÈME SÉRIE.

SIC ITUR AD ASTRA.
(Devise des armoiries de la Canongate.)

LA JOLIE FILLE DE PERTH,

OU

LE JOUR DE SAINT-VALENTIN.

TOME SECOND.

(St Valentine's Day, or the fair Maid of Perth.)

présence du roi. Ils entrèrent mécontens les uns des autres, et se mesurant d'un air sombre; chacun d'eux, exclusivement occupé des injures qu'il croyait avoir reçues, était également peu disposé à écouter la raison. Albany seul, calme et plus dissimulé, semblait préparé à se servir du mécontentement de tous, à profiter des incidens qui pourraient en résulter, et à en tirer avantage pour ses vues secrètes et ses désirs particuliers.

L'irrésolution du roi, qui allait jusqu'à la timidité, ne l'empêcha pas cependant de prendre le maintien digne et noble qui convenait à son rang. C'était seulement lorsqu'il était poussé à bout comme dans la scène précédente, qu'il perdait son apparente tranquillité. En général il était souvent obligé de renoncer à ses desseins, mais il perdait rarement sa dignité naturelle. Il reçut Albany, Douglas, March et le prieur (membres mal assortis d'un conseil désuni), avec un mélange de politesse et de grandeur, qui rappela à chaque seigneur orgueilleux qu'il était en présence de son souverain et leur imposa à tous une réserve respectueuse.

Après avoir reçu leur salut, le roi les pria de s'asseoir; ils obéissaient à ses ordres lorsque Rothsay entra. Il s'avança gracieusement près de son père, et s'agenouillant devant lui il lui demanda sa bénédiction. Robert, dont les regards déguisaient mal sa tendresse et son chagrin, essaya de prendre un ton de reproche tandis qu'il posait la main sur la tête de son fils, et disait avec un soupir : — Que Dieu te bénisse, enfant léger, et qu'il te rende un homme dans l'avenir. — Amen, mon père, répondit Rothsay avec une expression de sensibilité qu'il montrait quelquefois dans ses bons momens; alors il baisa la main royale avec le respect d'un fils et d'un sujet. Au lieu de prendre place à la table du conseil, il resta appuyé sur le siège du roi, et dans une position à pouvoir, lorsqu'il le désirerait, parler à l'oreille de son père.

Le roi fit signe au prieur de Saint-Dominique de prendre place au bureau, sur lequel il y avait différens écrits que parmi tous les personnages présens, Albany excepté, l'homme d'église était seul capable de lire. Le roi alors annonça le motif de leur assemblée, en disant avec une grande dignité :

— Les affaires que nous désirons traiter, milords, ont rapport à ces malheureuses révoltes des hautes-terres, dont nous avons eu connaissance par nos derniers messagers, et qui sont sur le point d'occasioner la ruine et la destruction du pays, même à peu de milles de notre royal séjour. Mais quelque près de nous que soit cette révolte, grace à notre malheureuse destinée, des hommes coupables en ont élevé une plus rapprochée encore, en jetant les torches de la discorde entre les citoyens de Perth et les gens de la suite de Vos Seigneuries, avec d'autres chevaliers et nobles. Je m'adresserai d'abord à vous, milords, pour apprendre pourquoi notre cour est troublée par ces querelles inconvenantes, et pour vous demander ensuite par quels moyens elles peuvent être réprimées ? — Mon frère Albany, faites-nous connaître le premier vos sentimens à cet égard.

— Sire et royal frère, répondit le duc, étant près de votre personne lorsque la querelle commença, je n'en connais point l'origine.

— Pour moi, dit le jeune prince, je n'ai entendu d'autre cri de guerre que la ballade d'un ménestrel, et je n'ai point vu voler de balles plus dangereuses que des noisettes.

— Pour moi, dit le comte de March, j'ai aperçu les braves citoyens de Perth donnant la chasse à quelques drôles portant, il est vrai, le cœur sanglant sur leurs épaules; mais ils fuyaient trop vite pour appartenir au comte de Douglas.

Douglas comprit la raillerie, et n'y répondit que par un de ces regards sombres qui exprimaient ordinairement son ressentiment.

— Sire, dit-il avec calme et hauteur, je dois sans doute répondre à cette attaque, par la raison qu'il n'y a jamais eu de querelle ni de sang répandu en Écosse sans que des langues calomniatrices n'aient assuré que c'était un Douglas ou un partisan des Douglas qui en était la cause. Nous avons ici de bons témoins. Je ne parle pas de milord d'Albany, qui s'est contenté de dire qu'il était, suivant son devoir, auprès de Votre Majesté. Je ne dirai rien de milord de Rothsay, qui, suivant aussi sans doute ce qu'il doit à son rang, à son âge, à lui-même, cassait pendant ce temps des noisettes avec une chanteuse ambulante : il sourit, il peut dire ici ce qui lui plaira; je n'oublierai pas que je suis dans un lieu dont il semble avoir oublié lui-même la majesté. Mais voilà le comte de March qui a vu mes gens fuir devant les rustres de Perth! Je puis dire à ce seigneur que ceux qui suivent le cœur sanglant avancent ou se retirent quand leur Chef l'ordonne ou que le bien de l'Écosse l'exige.

— Et moi je puis répondre.... s'écria le fier comte de March dont tout le sang sembla se porter à son visage; — mais le roi l'interrompit.

— Paix! seigneurs vindicatifs, dit le monarque; souvenez-vous devant qui vous êtes. Et vous, milord de Douglas, dites-nous, si vous le pouvez, la cause de cette mutinerie, et pourquoi vos gens, dont nous reconnaissons en général les bons services, prenaient à la querelle une part si active.

— J'obéis, milord, répondit Douglas inclinant légèrement une tête qui se courbait bien rarement. Je me rendais de ma maison au couvent des chartreux, en traversant la principale rue de Perth avec quelques personnes de ma suite ordinaire, lorsque j'aperçus des gens de la plus basse classe se pressant autour de la croix, contre laquelle on avait cloué ce placard et ceci qui était à côté.

Le comte tira d'une poche de son buffetin une main humaine et un morceau de parchemin. Le roi parut surpris et agité.

— Lisez, dit-il, bon père prieur, et qu'on ôte de devant mes yeux cet horrible spectacle.

Le prieur lut le placard, qui était ainsi conçu :

« Attendu que la maison d'un citoyen de Perth a été attaquée la nuit dernière, veille de Saint-Valentin, par des vagabonds nocturnes appartenant à quelque compagnie des étrangers qui résident maintenant dans la belle ville, et vu que cette main a été coupée, dans la querelle qui s'ensuivit, à un de ceux qui étaient en contravention avec la loi, le prévôt et les magistrats ont ordonné que ladite main serait clouée à la croix de la ville, en défi et comme une marque de mépris envers ceux qui ont occasioné cette émeute. Et si quelqu'un, noble de naissance, prétend que nous avons eu tort d'agir ainsi, moi, Patrice Charteris de Kinfauns, chevalier, je justifierai ce cartel avec les armes des chevaliers, en champ clos (1); ou si quelqu'un d'une naissance moins distinguée donne un démenti à ce qui est déjà mentionné, il trouvera pour lui répondre un citoyen de la belle ville d'une naissance proportionnée à la sienne. Sur ce, que Dieu et saint Jean protègent la belle ville! »

— Vous apprendrez sans surprise, milord, ajouta Douglas, que lorsque mon aumônier m'eut fait connaître le contenu de cet insolent parchemin, j'ordonnai à un de mes écuyers d'arracher un trophée si injurieux à la chevalerie et à la noblesse d'Écosse. Il paraît qu'à ce sujet, quelques-uns de ces impertinens bourgeois ont hué et insulté le reste de ma suite, qui les a chargés avec ses chevaux, et aurait bientôt terminé la querelle sans l'ordre positif que je leur donnai de me suivre aussi paisiblement que ces vilains voudraient le permettre. Ainsi ils arrivèrent jusqu'ici, ayant l'air de fuir, au lieu que si je leur avais ordonné de repousser la force par la force, ils auraient pu mettre le feu aux quatre coins de cette maudite ville, et asphyxier ces bourgeois arrogans comme de jeunes renards dans des genêts enflammés.

Lorsque Douglas eut fini de parler, il y eut un moment de silence, jusqu'à ce que le duc de Rothsay répondit en s'adressant à son père :

— Puisque le comte de Douglas a le droit de brûler la ville où Votre Grace tient sa cour, parce que le prévôt et lui ont quelques différends relativement à une débauche de nuit ou sur les termes d'un cartel, nous lui

---

(1) *In the barrace*, dans la lice; mot écossais. — Éd.

devons tous une grande reconnaissance de ce qu'il s'en est abstenu.

— Le duc de Rothsay, dit Douglas qui semblait avoir pris la résolution de se contenir; le duc de Rothsay pourrait avoir raison de remercier le ciel d'un ton plus sérieux de ce que Douglas est aussi fidèle qu'il est puissant. Nous sommes dans un temps où les sujets, dans tous les pays, se révoltent contre la loi; nous avons entendu parler de l'insurrection de la Jaquerie en France, et de Jack Straw, de Hob Miller et de Parson Ball parmi les Anglais; or nous pouvons être assurés qu'il y a assez de matières combustibles qui s'enflammeraient en Écosse si un pareil incendie gagnait nos frontières. Lorsque je vois des paysans envoyer des cartels à des nobles, ou clouer la main d'un chevalier, peut-être, à la croix de leur ville, je ne dirai point que je crains la révolte, car cela serait faux; mais je dis que je la prévois et que je me tiens préparé à la combattre.

— Et pourquoi, répondit le comte de March, milord Douglas dit-il que le cartel a été envoyé par des paysans? J'y vois le nom de sir Patrice Charteris; il me semble qu'il est d'un sang noble. Le comte de Douglas lui-même, puisqu'il prend un intérêt si vif à cette affaire, pourrait relever le gant de sir Patrice sans craindre de se déshonorer.

— Milord de March, répliqua Douglas, ne devrait parler que de ce qu'il comprend. Je ne suis point injuste envers le descendant du Corsaire rouge, quand je dis qu'il est trop léger pour être pesé dans la même balance qu'un Douglas. L'héritier de Thomas Randolph aurait de meilleurs titres à présenter.

— Par mon honneur! je ne veux point manquer l'occasion de demander cette grace, dit le comte March en ôtant son gant.

— Arrêtez, milord, dit le roi; ne nous faites point l'injure de vous défier à mort en notre présence et dans ces murs; mais offrez plutôt votre main dégantée au noble comte, et embrassez-vous comme preuve d'une mutuelle fidélité à la couronne d'Écosse.

— Il n'en sera point ainsi, milord, répondit March; vous pouvez m'ordonner de remettre mon gantelet, car il est, ainsi que l'armure à laquelle il appartient, aux ordres de Votre Majesté, tant que je tiendrai mon comté de la couronne d'Écosse. Mais lorsque mon bras s'approchera de Douglas, ce sera avec une main armée. Adieu, sire. Mes conseils sont inutiles ici, et ceux des autres si favorablement reçus, que peut-être un plus long séjour dans cette salle ne serait pas sans danger pour moi. Que Dieu protège Votre Altesse royale contre les ennemis qui se déclarent ouvertement et les amis qui cachent leur perfidie! Je pars pour mon château de Dunbar, dont vous aurez peut-être bientôt des nouvelles. Adieu, milords d'Albany et de Douglas; vous jouez un jeu hardi, tâchez de le jouer honnêtement. Adieu, pauvre jeune prince si léger, qui jouez comme un jeune faon sous la griffe d'un tigre. Adieu, tous! George de Dunbar voit le mal auquel il ne peut remédier. Adieu!

Le roi allait parler, mais les paroles expirèrent sur ses lèvres lorsqu'il reçut du duc d'Albany un regard qui lui enjoignait le silence. Le comte de March quitta l'appartement, recevant les saluts muets des différens membres du conseil auxquels il s'était adressé, excepté de

Douglas seul, qui répondit à son adieu par un regard de mépris.

— Le traître part pour nous vendre aux Anglais, dit-il; toute sa fierté repose sur la possession de ce fort miné par la mer, et qui peut introduire nos ennemis dans le Lothian. Ne craignez rien, sire, je réponds pour ce que je dis. Cependant, il en est temps encore, prononcez un mot, dites seulement : — Arrêtez-le, et le comte de March ne traversera point l'Earn pour continuer son perfide voyage.

— Brave comte, dit Albany, qui préférait voir ces deux puissans seigneurs contenus l'un par l'autre, que de laisser accorder une supériorité décisive à l'un des deux, c'est un conseil trop hardi. Le comte de March est venu ici se reposant sur la promesse authentique du roi, qui lui sert de sauf-conduit; il ne convient pas à l'honneur de mon royal frère d'oublier cette promesse. Cependant si Votre Seigneurie peut donner des preuves détaillées....

Ici ils furent interrompus par des fanfares de trompettes.

— Sa Grace le duc d'Albany est scrupuleux aujourd'hui d'une manière qui lui est peu ordinaire, répondit Douglas. Mais il est inutile de parler en vain, il n'est plus temps, voici les trompettes de March, et je réponds qu'il galopera rapidement jusqu'à ce qu'il ait passé le pont du Sud. Nous entendrons parler de lui, et s'il en est ainsi que je le crois, nous ne le reverrons qu'avec toute l'Angleterre à sa suite.

— Qu'il nous soit permis de juger mieux le noble comte de March, dit le roi; son caractère est impétueux, mais non pas vindicatif dans de certaines choses. Il a été, je ne dirai pas trompé, mais désappointé, et l'on doit lui pardonner plus qu'à un autre dans les circonstances présentes. Mais, grace au ciel! tous ceux qui sont ici maintenant sont de la même opinion et de la même famille; ainsi notre conseil ne peut plus être troublé par la désunion. — Père prieur, prenez, je vous prie, ces écritures, car il faut que vous soyez notre clerc comme à l'ordinaire. — Maintenant aux affaires, milords, et nos premières délibérations doivent rouler sur cette révolte des hautes-terres.

— Le clan de Chattan et le clan de Quhele ou Kay, dit le prieur, sont sur le point de se déclarer une guerre plus formidable que jamais, suivant les derniers avis que nous avons reçus de nos frères de Dunkeld. Ces fils de Bélial ne parlent de rien moins que de s'entre-détruire les uns les autres. Leurs forces s'assemblent des deux côtés, et tous les parens jusqu'au dixième degré doivent se réunir au Brattach (1) de leur tribu, ou encourir la punition du feu et de l'épée. La Croix de Feu s'est montrée partout comme un météore; elle a éveillé des tribus étrangères et inconnues au-delà des rivages du frith de Murray. Que le ciel et saint Dominique nous protègent! Mais si Vos Seigneuries ne trouvent aucun remède à ce mal, il s'étendra de tous côtés, et le patrimoine de l'Église sera exposé à la rage de ces Amalécites, qui n'ont pas plus d'amour pour le ciel que de pitié pour leurs voisins. Puisse Notre-Dame nous garder

(1) Étendard, littéralement *cloth*, linge. Les habitans des basses-terres ont encore conservé le mot *brat*, dont on ne se sert néanmoins que pour désigner le tablier d'un enfant, ou une grosse serviette : tant les mots peuvent descendre à des usages bas.

Éd.

d'eux ! On nous écrit que quelques-uns sont de véritables païens ; qu'ils adorent Mahomet et Termagant.

— Milords et parens, dit Robert, nous avons entendu combien ce cas est urgent, et vous pouvez désirer connaître mes sentimens, avant de m'instruire de ce que votre propre sagesse vous suggère. En vérité je ne vois point d'autre remède que d'envoyer deux plénipotentiaires, avec le pouvoir nécessaire pour pacifier leurs querelles, et les engager à mettre bas les armes et à se garder de toute violence les uns envers les autres, sous peine d'être responsables devant la loi.

— J'approuve le projet de Votre Grace, dit Rothsay, et je certifie que le bon prieur ne refusera pas l'honorable mission de pacificateur. Son révérend frère, l'abbé des Chartreux, enviera aussi un honneur qui ajoutera certainement deux éminentes recrues à l'immense armée des martyrs, puisque les montagnards font une bien faible différence entre les clercs et les laïques dans les ambassadeurs qu'on leur envoie.

— Royal lord de Rothsay, dit le prieur, si je suis destiné à la couronne du martyre, la Providence me conduira sans aucun doute sur la route où je dois l'obtenir. En attendant, si vous plaisantez en parlant de la sorte, je prie le ciel de vous pardonner, et de vous donner assez de lumières pour voir qu'il serait plus honorable de consacrer vos armes à la défense de l'Église, maintenant dans un si grand danger, que d'employer votre esprit à railler ses ministres et ses serviteurs.

— Je ne raille personne, dit le jeune prince en bâillant, comme s'il était déjà ennuyé de ce sermon, ni ne refuse de prendre les armes. Cependant, dans ce mois de février, un manteau fourré convient mieux qu'un corselet d'acier ; et il me coûte tellement de revêtir ce froid attirail dans une saison si froide, que je voudrais que l'Église envoyât un détachement de saints montagnards pour terminer cette querelle. Il y en a quelques-uns des hautes-terres bien connus dans ce district, et par conséquent habitués au climat ; ils se battraient à la manière du joyeux saint George d'Angleterre. Mais je ne sais trop comment cela se fait, on nous parle de leurs miracles lorsque nous venons les invoquer, de leur vengeance si nous violons le territoire de l'Église, tout cela pour nous exciter à des largesses ; et cependant, s'il arrive une bande d'une vingtaine de montagnards, les cloches, les livres, les cierges ne sont d'aucun usage, et le baron cuirassé est contraint de maintenir l'Église en possession des terres qu'il lui a données, tout comme s'il en recueillait encore les fruits.

—Fils Robert, dit le roi, vous donnez trop de licence à votre langue.

— Je me tais, répondit le prince ; je n'avais pas le dessein de troubler Votre Altesse, ni d'offenser le père prieur, qui, avec tant de miracles à son service, n'oserait tenir tête à une poignée de montagnards.

— Nous savons, dit le prieur avec une indignation contenue, de quelle source proviennent ces odieuses doctrines, qui nous font horreur dans la bouche de Votre Altesse. Quand les princes conversent avec les hérétiques, leur esprit et leurs manières se corrompent également ; alors ils se montrent dans les rues en compagnie avec des masques et des femmes de mauvaise vie, et dans le conseil comme les dépréciateurs de l'Église et des saintes croyances.

— Paix ! bon père, dit le roi ; Rothsay s'amendera

pour avoir parlé légèrement. Hélas, laissez-nous tenir conseil d'une manière amicale, plutôt que de ressembler à une bande mutinée de marins dans un vaisseau qui fait naufrage, où chacun est plus occupé à quereller son camarade qu'à joindre ses efforts à ceux du capitaine pour la sûreté du bâtiment. — Milord Douglas, votre maison s'est toujours bien montrée quand la couronne d'Écosse exigeait ou de sages avis ou de prompts secours; j'espère que vous nous aiderez dans cette détresse.

— Je m'étonne, je l'avoue, de ce que cette détresse existe, répondit l'orgueilleux Douglas. Quand je fus institué lieutenant du royaume, quelques-uns de ces vils clans descendirent des monts Grampians. Je ne fatiguai point le conseil de cette affaire, mais j'ordonnai au shériff, lord Ruthven, de monter à cheval avec toutes les forces du carse(1), les Hays, les Lindsays, les Ogilvies, et d'autres gentilshommes. Par sainte Brigite! quand les cuirasses frisèrent le plaid, les fripons apprirent à quoi les lances étaient bonnes, et si les épées avaient un côté tranchant. Il y resta à peu près trois cents de leurs meilleures têtes, outre celle de leur Chef, Donald Cormac(2), dans le marais de Thorn et dans le bois de Rochinroy; un nombre égal fut pendu à la montée de Houghman (3), qui a conservé depuis cette journée le nom qu'elle porte aujourd'hui. C'est ainsi

(1) On appelle *carse* ou *kerss* une plaine basse, mais fertile, située généralement près d'une rivière, comme le carse de Gowrie, le carse de Stirling, etc., etc. — Éd.

(2) Quelques auteurs placent cette rencontre en 1443 — Éd.

(3) Houghman ou *haugman*, le bourreau. — Éd.

que dans mon pays on se conduit avec des drôles; et si de plus doux-moyens peuvent mieux réussir avec ces coquins, qu'on ne blâme point Douglas d'avoir exprimé sa pensée. Vous souriez encore, milord de Rothsay. Puis-je vous demander comment j'ai pu une seconde fois exciter votre gaieté, avant que je réponde à votre première plaisanterie?

— Ne vous mettez point en colère, bon lord de Douglas, dit le prince, je souriais en pensant combien votre nombreux cortège diminuerait si l'on se conduisait avec tous les drôles comme avec ces pauvres montagnards à la montée de Houghman.

Le roi prit la parole pour prévenir la réponse de Douglas.

— Votre Seigneurie, dit-il, nous conseille avec beaucoup de sagesse de prendre les armes lorsque ces montagnards marcheront contre nos sujets en rase campagne; mais la difficulté est d'arrêter leurs désordres tandis qu'ils se tiennent cachés dans leurs montagnes. Je n'ai pas besoin de vous dire que le clan de Chattan et le clan de Kay sont de véritables confédérations, composées chacune de différentes tribus qui se sont réunies pour prendre part à la querelle générale. Il n'y a pas long-temps, leurs dissensions ont couvert de sang tous les lieux où elles se sont rencontrées, soit en corps, soit individuellement. Le pays entier est ruiné par leurs révoltes continuelles.

— Je ne vois point de mal, répondit Douglas, que les coquins se détruisent entre eux. Le gibier des hautes-terres augmentera en proportion que les hommes diminueront; nous gagnerons comme chasseurs ce que nous perdrons comme guerriers.

— Dites plutôt que les loups augmenteront et remplaceront les hommes, répondit le roi.

— Je préférerais les loups affamés aux sauvages montagnards, reprit Douglas. Envoyez des forces suffisantes vers les frontières des montagnes, pour séparer un pays tranquille de celui qui est révolté. Renfermez le feu de la guerre civile dans les hautes terres ; laissez-le s'étendre sans obstacle, et bientôt il s'éteindra de lui-même faute d'aliment. Les enfans seront plus humbles et obéiront plus promptement à un signe de Votre Majesté, que leurs pères, que les drôles qui existent aujourd'hui, n'obéissent à vos ordres les plus sévères.

— C'est un conseil prudent, mais irréligieux, répondit le prieur en secouant la tête. Ma conscience me défend de l'approuver. C'est de la prudence, mais c'est la prudence d'Achitophel, de la ruse mêlée de cruauté.

— Mon cœur me le dit aussi, reprit Robert en posant la main sur son sein ; mon cœur me dit que cette question me sera adressée au jour terrible : — Robert Stuart, où sont les sujets que je t'avais donnés ? Il me dit que je dois répondre d'eux tous, Saxons et Gaëls, habitans des montagnes, des plaines et des frontières ; qu'on ne me demandera pas seulement compte de ceux qui possédaient des biens et du savoir, mais encore de ceux qui volaient parce qu'ils étaient pauvres, et qui se révoltaient parce qu'ils étaient ignorans.

— Votre Grace parle comme un roi chrétien, dit le prieur ; mais vous portez une épée aussi-bien qu'un sceptre, et l'épée seule peut apporter un remède au mal présent.

— Écoutez, milords, dit le jeune prince en relevant la tête comme s'il allait ouvrir un avis lumineux ; supposez que nous donnions à ces sauvages une leçon de chevalerie : il ne serait pas difficile d'amener ces deux grands commandans, le capitaine du clan de Chattan et le chef de la non moins noble race du clan de Quhele, à se défier l'un et l'autre à un combat à mort. Ils pourraient combattre ici à Perth. Nous leur prêterions des chevaux et des armures : ainsi leur querelle serait éteinte par la mort de l'un, ou probablement par celle des deux traîtres (car je suppose que l'un et l'autre se casseraient le cou dès la première charge); le désir religieux de mon père d'épargner le sang serait rempli, et nous aurions le plaisir d'assister au combat des deux chevaliers sauvages, portant des hauts-de-chausses pour la première fois de leur vie, et montés sur des chevaux, ce qui ne s'est pas vu depuis le temps du roi Arthur.

— Fi, Robert! dit le roi, faites-vous du malheur de votre propre pays et de l'embarras de notre conseil un sujet de bouffonnerie.

— Je vous demande pardon, mon royal frère dit Albany, mais quoique le prince mon neveu ait énoncé son avis d'une manière trop leste, je pense qu'on pourrait en extraire quelque chose qui serait d'un grand avantage dans ces malheureuses circonstances.

— Mon frère, reprit le roi, ce n'est pas bien de montrer toute la folie de Rothsay en répétant ses plaisanteries inconvenantes. Vous savez que les chefs de clans ne comprennent rien, ni à la chevalerie, ni au costume, ni à la manière de combattre des chevaliers.

— Cela est vrai, royal frère, reprit Albany, cependant je parle sérieusement. Il est certain que les montagnards n'ont point, comme nous, l'usage de se battre en champ clos, mais ils en ont d'autres dont les résultats sont les mêmes. Ils courent les mêmes risques que nous, en perdant ou gagnant la partie. Qu'importe qu'ils se battent comme les Gaulois, avec l'épée et la lance ainsi qu'il convient à des chevaliers, ou avec des sacs de sable comme les paysans d'Angleterre, ou qu'ils s'égorgent les uns les autres avec des couteaux et des poignards, comme c'est leur barbare coutume? Leur usage ainsi que le nôtre confie toute dispute ou contestation de droits à la décision d'une bataille. Ils sont aussi vains qu'ils sont hardis, et l'idée d'être admis à combattre en présence de Votre Majesté et de celle de la cour les décidera promptement à s'en remettre de leur différend au sort d'une bataille, même en leur imposant des lois contraires à leurs usages ou en fixant le nombre des combattans. Nous prendrons garde de ne point les laisser approcher de la cour, excepté lorsqu'ils seront désarmés, et en trop petit nombre pour oser nous inquiéter. Et lorsque nous serons sur nos gardes, plus le nombre des combattans sera grand, plus le carnage parmi les plus braves et les plus mutins sera considérable. Les montagnes alors seront tranquilles pour long-temps.

— Il y a bien du sang dans ce projet, mon frère, dit le roi, et je suis encore obligé de vous dire qu'il répugnerait à ma conscience de contempler le massacre de ces hommes grossiers, qui ne sont pas plus éclairés que la plupart des païens.

— Leurs vies sont-elles plus précieuses, demanda le duc d'Albany, que celles de tant de seigneurs et de gentilshommes qui, avec la permission de Votre Majesté, combattent si souvent en champ clos, soit pour se faire justice eux-mêmes, soit pour acquérir de la gloire?

Le roi, ainsi pressé, avait peu de chose à répondre contre cette coutume de l'épreuve par le combat, coutume tolérée par les lois du royaume, et approuvée par celles de la chevalerie. Il dit cependant:—Dieu sait que je n'ai jamais accordé les permissions dont vous me parlez, qu'avec la plus grande répugnance, et que je n'ai jamais vu de gentilshommes verser leur sang dans leurs querelles sans avoir désiré pouvoir les apaiser au prix du mien.

— Mais, gracieux souverain, dit le prieur, si nous ne suivons pas les projets adroits de milord d'Albany, il me semble que nous devons avoir recours aux moyens du comte de Douglas, et, au risque du succès douteux du combat et avec la certitude de perdre de fidèles sujets, se servir de l'épée de l'habitant des plaines pour l'œuvre que les féroces montagnards ne manqueront pas d'accomplir eux-mêmes dans leur propre pays. — Que dit milord de Douglas des plans politiques de Sa Grace le duc d'Albany?

— Douglas, dit l'orgueilleux seigneur, ne conseille jamais d'user d'adresse lorsque l'on peut employer la force ouverte. Il conserve son opinion et son désir de marcher à la tête de ses vassaux et de ceux des barons du Perthshire. Il mettra les montagnards à la raison ou les forcera à la soumission; et s'il n'y réussit pas il laissera le corps d'un Douglas dans leurs déserts sauvages.

— C'est noblement pensé, milord de Douglas, dit Albany, et le roi a bien raison de compter sur ton cœur valeureux et sur le courage de ceux qui suivent tes étendards. Mais ne voyez-vous pas que bientôt vous pourrez être appelé dans d'autres lieux, où votre présence et vos services pourront être plus utiles à votre roi et à l'Écosse? N'avez-vous pas remarqué l'air sombre avec lequel l'impétueux comte de March assura notre souverain de sa foi et de sa fidélité, tant qu'il serait vassal de la couronne d'Écosse? et n'avez-vous pas craint vous-même qu'il ne formât le projet de se donner à l'Angleterre? D'autres Chefs moins puissans, et d'un nom moins illustre, peuvent se mesurer avec des montagnards. Mais si March introduit les Percys et leurs Anglais dans le royaume, qui les chassera si Douglas est ailleurs?

— Mon épée, répondit Douglas, est également au service de Sa Majesté, sur les frontières ou dans les plus profondes retraites des montagnes; j'ai vu déjà le fier Percy et George de Dunbar tourner le dos, et je puis les revoir encore, si le bon plaisir du roi veut que je me dispose à prévenir l'alliance probable de l'étranger et du traître; mais plutôt que de confier à une main inférieure ou plus faible la tâche importante de pacifier les montagnes, j'adopte le projet de milord d'Albany, de laisser ces sauvages s'égorger les uns et les autres, sans importuner les barons et les chevaliers du soin de leur donner la chasse.

— Milord de Douglas, dit le jeune prince, qui semblait déterminé à n'omettre aucune occasion d'humilier son orgueilleux beau-père, ne veut pas nous laisser, à nous autres pauvres habitans des plaines, même la pauvre gloire que nous pourrions recueillir aux dépens des bandits des hautes-terres, tandis que lui recueille déjà, en idée, une moisson de victoires aux dépens des

Anglais ; mais Percy a vu le dos de certains hommes aussi-bien que Douglas, et j'ai entendu dire que souvent ceux qui partaient pour tondre la laine revenaient tondus.

— Manière de parler, reprit Douglas, bien digne d'un prince qui parle d'honneur avec la mallette d'une femme de mauvaise vie à sa toque, comme une faveur précieuse.

— Pardonnez-moi, milord, dit Rothsay ; mais ceux qui sont mariés d'une manière qui ne leur convient pas sont peu difficiles sur le choix de nouvelles amours. Le chien enchaîné doit se contenter de l'os qui est le plus près de lui.

— Rothsay ! malheureux enfant ! s'écria Robert, devenez-vous fou ? ou voulez-vous attirer sur votre tête toute la colère d'un roi et d'un père !

— Je deviens muet dès que Votre Grace l'ordonne, répondit le prince.

— Maintenant, milord Albany, reprit le roi, puisque tel est votre avis, et que le sang écossais doit couler, comment pourrons-nous engager ces hommes grossiers à consentir au combat que vous proposez ?

— Avant de répondre à Votre Grace, dit Albany, il faut de plus mûres délibérations. Mais la tâche ne sera pas difficile : avec de l'or, on pourra séduire quelques-uns de leurs bardes, de leurs principaux conseillers et de leurs orateurs, et il sera nécessaire de faire entendre aux chefs de ces deux ligues, que s'ils ne consentent pas à cet arrangement amiable...

— Amiable ! dit le roi avec expression.

— Oui, amiable, sire, reprit Albany, car il vaut mieux que le pays achète la paix aux dépens de quelques vingtaines de montagnards que de continuer la guerre jusqu'à ce qu'autant de milliers d'hommes soient détruits par l'épée, le feu, la famine et tous les maux de la guerre civile. Pour revenir à notre dessein, je pense que le premier parti auquel cet accommodement sera proposé y consentira avec joie; que l'autre aurait honte alors de refuser de confier sa cause à la valeur des plus braves. La haine et la vanité les empêcheront de deviner nos motifs, et ils seront plus ardens à se tailler en pièces, que nous à les encourager. Maintenant que j'ai rempli ma tâche autant que mes conseils pouvaient être utiles, je me retire.

— Restez encore un instant, dit le prieur. Et moi aussi j'ai un secret à révéler, et d'une nature si noire, si horrible, que le cœur religieux de Votre Grace pourra à peine le comprendre; et je le découvre avec chagrin, parce que je suis persuadé (comme il est certain que je suis un indigne serviteur de Saint Dominique) qu'il est la cause de la colère du ciel contre ce malheureux pays; colère par laquelle nos victoires sont changées en défaites, notre joie en deuil, nos conseils troublés par la désunion, et l'Écosse dévorée par la guerre civile.

— Parlez, révérend père, dit le roi; assurément si la cause de ce mal est en moi ou dans ma famille, je me charge d'y apporter remède.

Il prononça ces mots d'une voix faible, et attendit avec anxiété la réponse du prieur, craignant sans doute qu'il ne dévoilât quelques nouveaux vices ou quelque nouvelle folie du duc de Rothsay. Son appréhension le trahit peut-être quand il crut voir les yeux du moine s'arrêter un instant sur le prince avant de dire d'un ton solennel : — L'hérésie, mon noble et gracieux souverain, l'hérésie est parmi nous. Elle ravit les ames à la congrégation, les unes auprès des autres, comme les loups ravissent les agneaux dans la bergerie.

— Il y a cependant assez de bergers pour garder les moutons, dit le duc de Rothsay. Quatre couvens de moines réguliers seulement, sans compter le clergé séculier. Il me semble que lorsqu'une aussi bonne garnison est dans une ville, on ne doit pas craindre l'ennemi.

— Un traître dans une garnison, répondit le prieur, pourrait détruire à lui seul la sécurité d'une ville, fût-elle gardée par des légions; et si ce traître est, soit par légèreté, soit par amour de la nouveauté, ou n'importe quel autre motif, protégé et nourri par ceux qui devraient être les plus empressés à le chasser de la forteresse, chaque jour il trouvera de nouvelles occasions de faire le mal.

— Vous semblez vouloir désigner quelqu'un ici présent, père prieur, dit Douglas. Si c'est moi, vous m'injuriez à tort. Je sais que l'abbé d'Aberbrothock s'est plaint de moi, parce que je ne souffrais pas que son bétail devînt trop nombreux pour ses pâturages, ni que des monceaux de grains fissent écrouler les greniers du monastère, tandis que nos gens manquent de bœufs, et leurs chevaux d'avoine. Mais il me semble que ces pâturages et ces champs si productifs ne furent point donnés par mes ancêtres au couvent d'Aberbrothock avec l'idée que leurs descendans mourraient de faim au milieu de cette abondance. Et cela ne sera pas, par sainte Brigite! Mais quant à l'hérésie et aux fausses doctrines, ajouta le comte en frappant lourdement avec sa large main sur la table du conseil, où est-il celui qui ose accuser Douglas? Je ne voudrais pas voir de pauvres gens brûlés pour des pensées légères, mais mon bras et mon épée seront toujours prêts à soutenir la foi chrétienne.

— Je n'en doute pas, milord, repartit le prieur, cela fut toujours ainsi dans votre noble maison. Quant aux plaintes de l'abbé, nous nous en occuperons une autre fois; ce que je désire maintenant, c'est une commission donnée à un des principaux seigneurs de l'état, qui s'adjoindrait aux membres de la sainte Église pour soutenir par la force, si cela était nécessaire, les perquisitions que le révérend official des limites, et d'autres prélats, au nombre desquels, moi indigne, je me compterai, ont l'intention de faire touchant la cause des nouvelles doctrines, qui corrompent la pureté de la foi, trompent le simple et méprisent le saint père et ses révérends prédécesseurs.

— Que le comte de Douglas reçoive une commission royale à cet effet, dit Albany, et qu'aucun ne soit à l'abri de sa juridiction, excepté la personne du roi. Pour ma part, quoique je sois certain de n'avoir jamais, soit en action, soit en pensée, reçu ou encouragé une doctrine que la sainte Église n'a pas sanctionnée, cependant je rougirais de réclamer une immunité comme appartenant au sang royal d'Écosse, dans la crainte de paraître chercher un refuge contre un crime aussi horrible.

— Je ne veux rien avoir à démêler dans ces questions, répondit Douglas; marcher contre les Anglais et le traître Dunbar est une tâche assez forte pour moi. De plus, je suis un véritable Écossais, et je ne désire pas que l'église d'Écosse s'humilie davantage encore sous le joug de Rome, ni que la couronne d'un baron s'abaisse devant la mitre et le capuchon. Ainsi, noble duc d'Albany, placez votre nom sur la commission, et je prie Votre Grace de mitiger le zèle des membres de la sainte Église qui se sont associés avec vous, afin qu'on ne passe point les bornes; car l'odeur d'un fagot sur le Tay ramènerait Douglas, fût-il sous les murs d'York.

Le duc se hâta d'assurer que la commission serait exercée avec prudence et modération.

— Sans aucun doute, dit le roi Robert. La commission doit avoir de grands droits, et si cela était convenable à la dignité de notre couronne, nous ne dédaignerions pas sa juridiction; mais nous espérons que tandis que les foudres de l'Église seront dirigées contre les vils auteurs de ces détestables hérésies, on n'agira qu'avec douceur et compassion envers les malheureuses victimes de leurs perfides séductions.

— C'est ainsi que se conduit toujours la sainte Église, milord, dit le prieur de Saint-Dominique.

— Ainsi, que la commission soit expédiée suivant les règles au nom de notre frère d'Albany, et de ceux qui seront trouvés propres à ces fonctions, dit le roi. Notre conseil est levé. Rothsay, viens avec moi; prête-moi ton bras, je veux te parler en particulier.

— Ho, là! s'écria le prince du même ton avec lequel il se serait adressé à son cheval.

— Que veut dire ce grossier garçon? dit le roi. Rothsay, n'auras-tu jamais ni raison ni courtoisie?

— Ne pensez pas que j'aie voulu offenser Votre Grace, répondit Rothsay; mais nous nous séparons sans avoir délibéré sur l'aventure de cette main morte, que Douglas a si galamment tirée de sa poche. Nous ne serons pas à notre aise ici et à Perth, si nous sommes en guerre avec les citoyens.

— Laissez-moi cette affaire, dit d'Albany. Avec quelques faibles dons de terre et d'argent, et beaucoup de belles paroles, les bourgeois s'apaiseront pour cette fois; mais il serait bien de recommander aux barons que leur devoir retient à la cour, ainsi qu'à leurs gens, de respecter la paix de la ville.

— Certainement cela doit être ainsi, dit le roi; que des ordres sévères soient donnés à cet égard.

— C'est accorder trop de faveur à ces vilains, reprit Douglas; mais que cela soit suivant les désirs de Votre Altesse. Je prends la permission de me retirer.

— Mais non pas avant que vous ayez goûté d'un flacon de vin de Gascogne, milord, dit le roi.

— Pardonnez-moi, répliqua le comte : je ne suis point altéré, et je ne bois jamais par mode, mais seulement par amitié ou par besoin. En parlant ainsi, il s'éloigna.

Le roi, comme s'il se trouvait heureux d'être débarrassé de sa présence, se tourna vers Albany et dit : — Maintenant, milord, nous devrions gronder ce jeune drôle de Rothsay. Cependant il nous a si bien servi dans notre conseil, que ce mérite nous rendra un peu plus indulgent pour ses folies.

— Je suis heureux de l'apprendre, dit Albany avec un air de pitié et d'incrédulité, comme s'il ne devinait pas ce service supposé.

— Mon frère, vous comprenez difficilement, répondit le roi, car je ne veux pas penser que vous êtes jaloux. N'avez-vous pas remarqué que c'est Rothsay qui a donné le premier l'idée d'un combat entre les montagnards? Votre expérience, il est vrai, a revêtu le projet d'une forme plus convenable, et il a été généralement approuvé. Encore tout à l'heure nous allions nous séparer, oubliant de délibérer sur une affaire sérieuse, et c'est lui qui nous a fait souvenir de la querelle avec les citoyens de Perth.

— Je ne doute pas, sire, dit le duc d'Albany avec le ton d'approbation qu'il savait devoir plaire au roi, que mon royal neveu ne possède un jour la sagesse de son père.

— Ou bien, répondit le duc de Rothsay, je trouverai peut-être plus aisé d'emprunter d'un autre membre de ma famille cet heureux et commode manteau d'hypocrisie qui couvre tous les vices et grace auquel peu importe qu'ils existent ou qu'ils n'existent pas.

— Milord prieur, dit le duc s'adressant au dominicain, nous vous demandons de vous retirer pour un moment : le roi et moi nous avons plusieurs choses à dire au prince, qui ne peuvent être entendues même de vous.

Le prieur s'inclina, et quitta l'appartement.

Lorsque les deux frères et le prince furent seuls, le roi parut chagrin et embarrassé, Albany morne et pensif, tandis que Rothsay lui-même essayait de cacher l'anxiété de son esprit sous son air habituel de légèreté. Il y eut un silence d'une minute, et Albany prit la parole.

— Mon royal frère, dit-il, le prince mon neveu reçoit avec tant de méfiance toutes les représentations qui viennent de ma bouche, que je prie Votre Majesté de prendre la peine de lui dire ce qu'il est nécessaire qu'il sache.

— Ce doit être une communication bien désagréable en vérité, dit le prince, puisque milord d'Albany ne peut en envelopper le sens dans des paroles mielleuses.

— Paix, effronté jeune homme, dit le roi en colère. Vous avez parlé tout à l'heure de la querelle avec les citoyens : qui a été la cause de cette querelle, Robert? quels sont les hommes qui ont brisé les fenêtres d'un habitant paisible notre vassal? quels sont-ils ceux qui ont troublé la tranquillité de la nuit par la lumière des torches et par le bruit de la débauche, et qui ont exposé nos sujets au danger et à l'effroi ?

— Plutôt à la crainte qu'au danger, j'imagine, répondit le prince. Mais comment puis-je vous apprendre quels sont les hommes qui ont occasioné ce trouble nocturne?

— Il y avait parmi eux un personnage de ta suite, reprit le roi ; un homme de Bélial, que je condamnerai à une punition sévère.

— Je n'ai point de serviteurs, à ma connaissance, capables d'encourir le déplaisir de Votre Altesse.

— Je veux de la franchise, jeune homme. Où étais-tu la veille de la Saint-Valentin?

— Il est à supposer que j'étais à servir le bon saint, comme un homme religieux doit le faire, répondit le prince négligemment.

— Le prince mon neveu voudra-t-il nous apprendre où était son écuyer la veille de cette bonne fête? dit le duc d'Albany.

— Parle, Robert, je t'ordonne de parler, dit le roi.

— Ramorny était employé à mon service. Je crois que cette réponse peut satisfaire mon oncle.

— Mais elle ne me satisfait pas, moi, dit le père mécontent. Dieu sait que je n'ai jamais désiré de faire couler le sang, mais j'aurai la tête de ce Ramorny, si la loi peut me la donner. Il a été le compagnon et le conseiller de tes vices et de tes folies; je m'arrangerai de manière à ce qu'il ne le soit plus. Appelle Mac Louis avec un garde.

— Ne condamnez point un homme innocent, dit le prince résolu à tous les sacrifices pour préserver son favori du danger qui le menaçait. Je vous donne ma parole que Ramorny était employé à mon service, et par conséquent ne pouvait être mêlé dans cette querelle.

— Tu prétends m'en imposer par une fausse équivoque, dit le roi en présentant une bague au prince. Regarde le cachet de Ramorny, perdu dans cette infame querelle. Il tomba dans les mains d'un des gens de Douglas, et fut remis à mon frère par le comte. N'intercède point pour Ramorny, c'est un homme mort. Fuis de ma présence et repens-toi d'avoir osé, dans ta vicieuse assurance, affronter la colère d'un roi avec un mensonge sur tes lèvres. Honte à vous, Robin! honte! Comme fils, vous avez trompé votre père; comme chevalier, vous avez menti au chef de votre ordre.

Le prince était muet devant le roi, la conscience troublée, et convaincu qu'il avait eu tort. Il donna carrière alors aux sentimens honorables qui étaient toujours au fond de son cœur, et se jeta aux pieds de son père.

— Le chevalier qui s'est permis un mensonge, dit-il, mérite d'être dégradé; le sujet déloyal mérite la mort. Mais permettez à un fils de supplier son père d'accorder le pardon d'un serviteur qui ne l'a point conduit dans le mal, mais qui s'y est plongé lui-même avec répugnance, pour obéir aux ordres de son maître. Laissez-moi porter tout le poids de la juste punition de mes folies, mais épargnez ceux qui en ont été les instrumens plutôt que les complices. Souvenez-vous que ce fut ma sainte mère qui plaça elle-même Ramorny à mon service.

— Ne la nommez pas, Robin, je vous le défends, dit le roi; elle est heureuse de n'avoir point vu le fils de son amour déshonoré par ses vices et coupable de mensonge.

— Je suis en effet indigne de la nommer, répondit le prince; cependant, mon cher père, c'est en son nom que je demande la grâce de Ramorny.

— Si je puis offrir mes conseils, dit le duc d'Albany qui s'apercevait qu'une réconciliation aurait bientôt lieu entre le père et le fils, je conseillerais que Ramorny fût congédié de la maison du prince et de sa société, avec la punition que son imprudence mérite. Le public sera satisfait de sa disgrace, et l'affaire s'arrangera facilement, si Son Altesse n'essaie point de dérober son serviteur à la justice.

— Consentez-vous, Robin, dit le roi d'une voix tremblante et les yeux remplis de larmes, à chasser cet homme dangereux? Y consentez-vous pour moi, qui vous sacrifierais ma vie avec joie?

— Je le ferai, mon père; je vais le faire à l'instant, répondit le prince; et saisissant la plume il écrivit le congé de Ramorny, et le remit entre les mains du duc d'Albany. Je voudrais pouvoir remplir tous vos désirs aussi facilement, mon père, ajouta le prince, et il se jeta une seconde fois aux pieds du roi, qui le releva aussitôt et le serra dans ses bras avec tendresse.

3.

Albany contemplait cette scène d'un air sombre, et gardait le silence; quelques minutes s'écoulèrent ainsi, et il dit : — Ce différend s'étant si heureusement terminé, qu'il me soit permis de demander à Sa Majesté si elle assistera aux complies dans la chapelle.

— Certainement, dit le roi; n'ai-je pas des remerciemens à adresser à Dieu qui a rétabli l'union dans ma famille? Vous viendrez avec nous, mon frère.

— Si Votre Grace m'accorde la permission de m'absenter, répondit le duc, je vais aller me concerter avec Douglas et quelques autres seigneurs sur la meilleure manière d'attirer ces vautours de montagnards dans notre piège.

Albany quitta l'appartement pour songer à ses ambitieux projets, tandis que le roi et son fils assistèrent au service divin, et remercièrent Dieu de leur heureuse réconciliation.

CHAPITRE XIV.

Dans un des premiers chapitres nous nous sommes trouvés près du confessionnal du roi d'Écosse. Maintenant nous allons reproduire devant nos lecteurs une situation à peu près semblable, quoique le lieu de la scène et les personnages soient entièrement différens. Au lieu de l'appartement simple et gothique d'un monastère, nous avons devant les yeux un des plus beaux points de vue de l'Écosse, s'étendant au-dessous de la montagne de Kinnoul. Au pied d'un roc qui commandait cette perspective dans chaque direction, la Jolie Fille de Perth était assise, écoutant avec une dévote attention les instructions d'un moine chartreux, couvert de sa robe blanche et de son scapulaire. Il venait de terminer un discours auquel il ajoutait une prière, et sa prosélyte se joignait dévotement à lui.

Quand leurs dévotions furent finies le prêtre s'assit, et resta pendant quelques minutes les yeux fixés sur ce magnifique tableau, qui conservait toutes ses beautés malgré une saison encore froide. Enfin il s'adressa à sa compagne.

— Quand je contemple, dit-il, cette terre variée, avec ses châteaux, ses églises, ses couvens et ses places fortes, ces champs fertiles, ces hautes forêts et cette noble rivière, je ne sais pas, ma fille, ce qui doit le plus m'étonner de la bonté de Dieu ou de l'ingratitude des hommes. Il nous a donné une terre belle et fertile, et nous avons fait de cette terre un cimetière et un champ de bataille. Il nous a donné le pouvoir sur les élémens, l'adresse d'élever des maisons pour notre bien-être et notre défense, et nous en avons fait des cavernes de voleurs et des lieux de débauches.

— Et cependant, mon père, dit Catherine, il y a sur la terre bien des lieux où l'on pourrait vivre tranquille, même dans la belle contrée qui est devant nos yeux. Là-bas quatre couvens, avec leurs églises et leurs tours, qui semblent dire d'une voix éclatante aux citoyens de la ville de songer à leurs devoirs de religion. Les habitans de ces demeures se sont séparés du monde, de son ambition, de ses plaisirs, pour se dévouer entièrement au service du ciel; et tout, autour de nous, témoigne que si l'Écosse est une terre de sang et de crimes, elle est cependant convaincue des devoirs que la religion exige des hommes.

— Ce que vous dites, ma fille, a l'apparence de la vérité; néanmoins lorsqu'on peut en juger de plus près, on trouve malheureusement moins de bonheur dans les lieux dont vous venez de parler. Il est vrai qu'il fut une époque du monde chrétien où des hommes respectables, existant du travail de leurs mains, s'étaient rassemblés, non pour vivre dans l'aisance ni reposer sur des lits moelleux, mais pour s'affermir les uns les autres dans la foi chrétienne, et enseigner au peuple la parole de Dieu. Sans doute il existe encore des hommes semblables à ceux-là, dans les saints édifices sur lesquels nous arrêtons nos regards ; — mais il est à craindre que la charité se soit refroidie dans le plus grand nombre. Les hommes d'église sont devenus riches, tant par les dons des personnes pieuses que par ceux des méchans, qui les ont offerts dans leur ignorance, s'imaginant obtenir en dotant les églises un pardon que le ciel n'accorde qu'au pénitent sincère. A mesure que l'Église devint riche, ses doctrines devinrent plus indulgentes et plus obscures, comme une lumière paraîtrait moins brillante placée dans une lampe enchâssée d'or, qu'elle ne le serait sous un simple verre. Dieu sait que si je vois toutes ces choses et si je les remarque, ce n'est point pour me singulariser ni pour devenir un docteur dans Israël ; mais parce que le feu qui brûle dans mon sein ne me permet plus de garder le silence. J'obéis aux règles de mon ordre, et ne m'écarte point de ses austérités ; qu'elles soient essentielles à notre salut, ou de simples formalités, adoptées pour suppléer au manque de pénitence et d'une sincère dévotion, n'importe : j'ai promis, j'ai fait plus, j'ai juré de les observer ; elles seront respectées par moi, d'autant plus qu'en m'élevant contre elles on pourrait croire que je désire les commodités de la vie. Le ciel m'est témoin que j'attacherais une bien légère importance à ce que mon corps pourrait souffrir, si l'Église recouvrait sa pureté première et la discipline religieuse son ancienne simplicité.

— Mais, mon père, pour ces opinions seules on vous appelle un Lollard et un disciple de Wicleff (1). On

(1) Walter Lollard, chef de la secte des Lollards, était né en

dit que vous voulez détruire les églises et les couvens, et rétablir la religion des païens.

— C'est pour cela, ma fille, que je suis forcé de chercher un refuge au milieu des montagnes et des rochers, et de vivre parmi les habitans des hautes terres, qui malgré leurs mœurs sauvages approchent plus de l'état de grace que ceux que je laisse derrière moi. Leurs crimes sont ceux de l'ignorance et non de la présomption. Je n'omettrai aucun des moyens que le ciel me suggérera pour échapper à leur cruauté; car, tant que la bonté de Dieu me retiendra sur la terre, je croirai que c'est un signe qu'il me reste encore un devoir à remplir; mais quand la volonté de mon maître en décidera, il sait avec quel plaisir Clément Blair, animé d'une divine espérance, changera cette misérable vie contre celle qui nous est promise dans un monde plus heureux. Mais pourquoi regardes-tu si attentivement vers le nord, ma fille? Tes jeunes yeux sont plus prompts que les miens. Vois-tu quelqu'un venir de notre côté?

— Je regarde, mon père, si le jeune montagnard ne paraît pas... Conachar, celui qui doit être votre guide à travers les montagnes, et dont le père peut vous offrir une retraite grossière, mais sûre. Il me l'a souvent promis lorsque nous parlions ensemble de vous et de vos leçons; je crains qu'il ne soit maintenant avec des gens qui le lui feront promptement oublier.

Angleterre vers la fin du treizième siècle : il prêcha contre la discipline et les cérémonies de l'Église, fut arrêté en Allemagne, et périt sur un bûcher.

John Wicleff, hérésiarque des mêmes opinions que Lollard, et chef des Wicléfites, était son contemporain : il a été appelé l'Étoile du matin de la réforme, etc. — Éd.

— Le jeune homme a en lui des étincelles de la grace, dit le père Clément, quoiqu'il soit d'une race trop fidèle à ses mœurs féroces et sauvages pour supporter avec patience les contraintes imposées par la religion ou les lois de la société. Tu ne m'as jamais dit, ma fille, comment ce jeune homme est venu habiter la maison de ton père; c'est une chose également contraire aux usages des montagnes et à ceux de la ville.

— Tout ce que je sais, répondit Catherine, c'est que le père de Conachar est un homme d'importance parmi les montagnards, et qu'il demanda comme une faveur que mon père, qui avait eu quelques relations avec lui à cause de son commerce, gardât son fils chez lui pendant quelque temps. Il y a deux jours ils se séparèrent, et il retourna dans ses montagnes.

— Et comment, ma fille, avez-vous pu conserver de tels rapports avec lui, et savoir dans quels lieux l'envoyer chercher pour lui demander de me rendre service? Certainement j'ai lieu d'être surpris qu'une fille possède autant d'influence sur un jeune sauvage comme ce montagnard.

Catherine rougit, et répondit en hésitant :

— Si j'ai quelque influence sur Conachar, Dieu est témoin que je ne l'ai employée que pour modérer son caractère altier, et le faire plier devant les lois de la civilisation. Il est vrai aussi, mon père, que je supposais depuis long-temps que vous seriez obligé de prendre la fuite, et que j'étais convenue avec lui que nous nous rencontrerions dans ce lieu aussitôt qu'il aurait reçu de moi un messager et un gage que je lui envoyai hier. Le messager était un garçon agile de son propre clan, qu'il envoyait souvent en commission dans les hautes terres.

— Et dois-je comprendre, ma fille, que ce jeune homme si beau ne vous intéressait que par le désir que vous éprouviez d'éclairer son esprit et de réformer ses manières ?

— Il en est ainsi, mon père, et point autrement, répondit Catherine. Peut-être ai-je eu tort d'entretenir une telle intimité avec lui, même pour son bien et son instruction; mais nos conversations n'ont jamais eu un autre but.

— Alors je me suis trompé, ma fille; mais je croyais avoir aperçu depuis quelque temps un changement dans vos desseins, et quelques regards d'envie jetés sur le monde que vous vouliez abandonner autrefois.

Catherine pencha la tête, rougit vivement encore, et dit : — Vous-même, mon père, vous me conseilliez de ne point prendre le voile.

— Je n'approuverais pas davantage ce projet aujourd'hui, mon enfant; le mariage est un état honorable, ordonné par le ciel pour perpétuer la race humaine. Et je n'ai point lu dans l'Écriture, comme les inventions de l'homme l'ont affirmé depuis, que le célibat est un état supérieur et privilégié, mais je suis aussi jaloux de la gloire, mon enfant, qu'un père peut l'être de sa fille unique, et je ne voudrais pas que tu sacrifiasses ta destinée à quelque homme indigne de toi. Ton père, moins difficile que je ne le serais à ton égard, approuve les prétentions de ce vaillant batailleur qu'on appelle Henry du Wynd. Il est riche, cela peut être; mais celui qui fréquente une société légère et débauchée, mais un batailleur, qui verse le sang humain aussi facilement que de l'eau, peut-il être un mari convenable pour Catherine Glover? et cependant chacun parle de leur union prochaine.

Les joues de la Jolie Fille de Perth devinrent alternativement rouges et pâles, tandis qu'elle se hâta de répondre :

— Je ne pense point à lui ; quoiqu'il soit vrai que depuis long-temps quelques politesses aient été échangées entre nous, parce qu'il est l'ami de mon père, et que, suivant l'usage du temps, il est mon Valentin.

— Votre Valentin, mon enfant! et comment votre prudence et votre modestie naturelles, jointes à la délicatesse de votre sexe, ont-elles pu supporter de telles relations avec un homme semblable à cet armurier? Croyez-vous que saint Valentin, qui était un homme pieux, un évêque chrétien, inventa jamais une coutume aussi légère, aussi inconvenante? Elle prit plutôt son origine dans le culte que les païens rendaient à Flore et à Vénus, lorsque les mortels déifiaient leurs passions et s'étudiaient à les exciter plutôt qu'à leur imposer un frein.

— Mon père, dit Catherine d'un ton plus mécontent que celui qu'elle avait l'habitude de prendre en parlant au chartreux, je ne comprends pas pourquoi vous me reprochez aussi sévèrement de me soumettre à un usage général, autorisé par l'habitude, et sanctionné par l'approbation de mon père ; je ne puis qu'éprouver de la peine de ce que vous interprétez si mal mes plus simples actions.

— Pardonnez-moi, ma fille, reprit le religieux avec douceur, si je vous ai offensée. Mais cet Henry Smith est un homme hardi, licencieux, auquel vous ne pouvez accorder aucune intimité sans vous exposer à voir interpréter votre conduite d'une manière plus cruelle encore, à moins cependant que votre dessein ne soit de l'épouser, et cela le plus tôt possible.

— N'en parlez plus, mon père, dit Catherine; vous me faites plus de mal que vous ne pensez m'en faire. Et peut-être me laisserais-je aller à vous répondre d'une manière qui ne me convient pas. J'ai déjà trop sujet de me repentir de m'être soumise à un usage si frivole. En tout cas, croyez que Henry Smith ne m'est rien, et même que l'intimité qui était résultée de la fête de saint Valentin ne peut plus avoir de suites.

— Je suis heureux de vous entendre parler ainsi, ma fille, et je dois maintenant traiter un autre sujet qui me cause encore plus d'inquiétudes à votre égard. Vous ne pouvez pas l'ignorer, mais je souhaiterais qu'il ne fût pas nécessaire de parler d'une chose si dangereuse, même entourés comme nous le sommes de ces rochers, de ces collines et de ces pierres. — Mais il faut que cela soit. — Catherine, vous avez un amant du plus haut rang parmi les fils des plus illustres familles d'Écosse.

— Je le sais, mon père, répondit Catherine avec tranquillité, et je souhaiterais que cela ne fût pas.

— Je le voudrais aussi si je voyais seulement dans Catherine un enfant de la folie comme le sont la plupart des jeunes femmes à son âge, surtout lorsqu'elles possèdent le don fatal de la beauté; mais puisque tes charmes, pour parler le langage d'un monde frivole, ont captivé un amant d'un tel rang, tes vertus et ta sagesse conserveront sur l'esprit du prince l'influence acquise par ta beauté.

— Mon père, reprit Catherine, le prince est un amant dont l'amour ne tend qu'à ma perte. Vous étiez effrayé dans l'instant de l'imprudence avec laquelle j'avais accepté les soins d'un homme dont le rang est égal au mien, et vous parlez maintenant avec complaisance de la scandaleuse affection que l'héritier de la couronne d'Écosse ose déclarer pour moi; vous savez qu'il y a deux nuits, escorté des compagnons de ses débauches, il m'eût enlevée de la maison de mon père si je n'avais point été sauvée par ce hardi Henry Smith, qui, s'il est trop prompt à affronter le danger dans la plus légère occasion, est toujours prêt à exposer sa vie pour secourir l'innocence ou résister à l'oppression. Il est de mon devoir de lui rendre cette justice.

— Je dois le savoir, en effet, puisque c'est ma voix qui l'appela à votre secours. J'avais vu, en passant près de votre porte, ceux qui voulaient attaquer votre maison, et je me hâtais d'aller chercher l'assistance du pouvoir civil, lorsque j'aperçus un homme qui venait lentement devant moi. Craignant que ce ne fût quelqu'un placé en embuscade, je me cachai derrière un des piliers de la chapelle de Saint-Jean, et, regardant avec plus d'attention, je reconnus Henry Smith. Il me fut facile de deviner où il allait; je l'appelai, je lui appris ce que j'avais vu, d'une manière qui lui fit doubler le pas.

— Je vous en suis reconnaissante, mon père; mais toutes ces choses et le langage du duc de Rothsay lorsqu'il s'adressa à moi, montrent que le prince est un jeune homme livré au libertinage, qui se porterait à toutes les extrémités pour satisfaire une passion d'un moment, sans calculer les malheurs qui en résulteraient pour moi. Son émissaire Ramorny a même eu l'insolence de me dire que mon père en souffrirait le premier si je préférais devenir la femme d'un honnête homme plutôt que l'indigne maitresse d'un prince marié. Je ne vois point d'autre remède que de prendre le voile, ou de courir le risque de ma propre perte et de celle de mon pauvre père. Quand même il n'y aurait pas d'autres raisons, la terreur que m'inspirent les menaces d'un homme malheureusement si capable de tenir sa parole serait suffisante pour m'empêcher de devenir la femme d'aucun honnête homme : ce serait comme si j'ouvrais sa porte pour y admettre des assassins. O bon Dieu! quel partage est le mien! suis-je donc destinée à causer le malheur de mon père et de celui au sort de qui je pourrais unir mon malheureux sort!

— Ne te plains pas, ma fille, répondit le moine; il y aura encore du bonheur pour toi, même dans cette détresse apparente. Ramorny est un traître qui abuse de la confiance de son maître. Le prince est, il est vrai, frivole et dissipé; mais ou bien on en impose à mes cheveux gris, ou son caractère va bientôt changer. On lui a montré la bassesse de son favori, et il regrette profondément d'avoir suivi ses mauvais conseils. Je crois, ou plutôt je suis convaincu, que sa passion pour vous en deviendra plus pure et plus noble, et que les leçons qu'il a reçues de moi sur la corruption de l'Église et sur celle du siècle vont pénétrer dans son cœur, et y produiront des fruits qui étonneront et réjouiront le monde. Si vos lèvres lui répètent les mêmes leçons, d'anciennes prophéties ont dit que Rome serait renversée par la parole d'une femme.

— Ce sont des rêves, mon père, répondit Catherine;

des visions d'un esprit trop occupé des choses d'en haut pour juger sainement des choses de la terre. Quand nous avons regardé trop long-temps le soleil, nous ne voyons plus distinctement les autres objets qui se présentent à nos yeux.

— Vous jugez trop promptement, ma fille, et vous serez bientôt convaincue de ce que je viens de vous dire. La carrière que je vais ouvrir devant toi ne pourrait être montrée à une femme d'une vertu moins ferme et d'un caractère plus ambitieux. Peut-être ne devrais-je pas, même à vous, confier mes espérances; mais ma confiance est forte dans ta sagesse et dans tes principes. Apprends donc qu'il est possible que l'église de Rome brise les liens qu'elle a formés elle-même, et dégage le duc de Rothsay de son union avec Marjory de Douglas.

Après avoir prononcé ces mots, le père Clément s'arrêta.

— Et si l'Église a le pouvoir et la volonté de briser ces liens, dit Catherine, quelle influence peut avoir le divorce du duc de Rothsay sur la fortune de Catherine Glover?

Elle regarda le religieux avec inquiétude, tandis qu'elle parlait : il parut éprouver quelque embarras pour lui répondre, car il baissa les yeux en disant :

— A quoi servit la beauté de Catherine Logie? A moins que nos pères nous aient fait un mensonge, elle lui fit partager le trône de David Bruce.

— Vécut-elle heureuse et mourut-elle regrettée, mon père? demanda Catherine toujours avec le même calme et la même fermeté.

— Elle forma cette alliance poussée par une ambition criminelle, et trouva sa récompense dans la vanité et les troubles d'esprit; mais si elle se fût mariée dans le dessein de convertir son époux ou de l'affermir dans sa foi, quelle eût été sa récompense? L'amour et les honneurs sur la terre et dans le ciel, une part à l'héritage de la reine Marguerite et de ces héroïnes qui ont été les mères de l'Église.

Jusque-là, Catherine était restée assise sur une pierre qui se trouvait placée à côté des pieds du religieux : elle levait les yeux vers lui quand elle lui adressait la parole ou lorsqu'elle l'écoutait; mais dans ce moment, comme animée par le sentiment d'une désapprobation ferme quoique calme, elle se leva et elle étendit sa main vers le moine, en lui adressant la parole : elle ressemblait alors à un ange envoyé pour réprimer les erreurs d'un mortel, et qui le plaint en le condamnant.

— Ai-je bien entendu, dit-elle; et les désirs, les espérances, les honneurs de ce monde méprisable, peuvent-ils occuper à ce point celui qui peut-être demain sera appelé à donner sa vie pour s'être opposé aux corruptions du siècle et avoir accusé un clergé dégénéré? Est-ce bien le vertueux, le sévère père Clément qui conseille à son enfant d'aspirer à un trône et à un lit qui ne peuvent devenir vacans que par une indigne injustice envers celle qui les possède maintenant? Est-ce le sage réformateur de l'Église qui appuie ses projets sur des fondemens si précaires? Depuis quel temps, bon père, le prince libertin a-t-il changé de morale, et a-t-il montré le désir de courtiser honorablement la fille d'un artisan de Perth? Deux jours ont dû produire ce changement; car ce court espace de temps est à peine écoulé depuis qu'il attaqua la maison de mon père, au milieu de la nuit et avec des desseins plus coupables que ceux d'un misérable voleur. Et pensez-vous que si le cœur de Rothsay pouvait lui inspirer l'idée d'un mariage si peu digne de sa naissance, croyez-vous qu'il pût y réussir sans exposer en même temps sa succession et sa vie; car ce serait insulter à la fois et la maison du comte de March et celle de Douglas. O père Clément, où étaient vos principes, où était votre prudence quand ils laissèrent votre esprit s'égarer dans ce singulier rêve, et donnèrent le droit à la plus humble de vos prosélytes de vous adresser des reproches?

Les yeux du vieillard se remplirent de larmes, et Catherine, visiblement émue par ce qu'elle venait de dire, garda le silence :

— C'est par la bouche des jeunes enfans, dit le moine, que Dieu a donné des leçons à ceux qui se disaient les sages de leur génération ; je remercie le ciel de m'avoir fait suggérer des pensées plus justes que celles qui m'étaient inspirées par une voix si douce, par ma propre vanité. Oui, Catherine, je ne m'étonnerai plus lorsque ceux que j'ai déjà jugés si sévèrement ambitionneront un pouvoir temporel, et tiendront en même temps le langage d'un zèle religieux. Je te remercie, ma fille, de tes salutaires réprimandes, et je remercie le ciel de l'avoir fait sortir de tes lèvres plutôt que de celles d'un sévère censeur.

Catherine avait levé la tête et allait répondre pour consoler le vieillard, dont l'humiliation affligeait son cœur, quand ses yeux s'arrêtèrent sur un objet placé près d'elle. Parmi les fragmens de granit qui entouraient ce lieu solitaire, il y en avait deux tellement rapprochés qu'ils semblaient avoir été une portion du même roc, et séparés par un violent orage ou par un tremblement de terre. On voyait entre eux une ouverture d'environ quatre pieds de largeur entre des masses de pierres. Un chêne avait crû dans cette ouverture et présentait les formes les plus fantastiques.

Les racines de l'arbre s'étaient élancées dans mille directions différentes, et cherchaient dans les crevasses du rocher l'aliment nécessaire à leur subsistance ; leurs courbures, inégales et noueuses, offraient l'aspect de ces immenses serpens de l'archipel des Indes. Au moment où les regards de Catherine tombèrent sur cette curieuse complication de branches et de racines mêlées ensemble, elle remarqua tout à coup deux grands yeux brillans comme ceux d'un animal sauvage. Elle frémit, et sans parler montra du doigt cet objet à son compagnon. Regardant encore avec plus d'attention, Catherine découvrit une barbe touffue et des cheveux roux, qui jusqu'alors avaient été cachés derrière les branches (1).

Quand il se vit surpris, le montagnard, car c'en était un, sortit de son embuscade, et s'avança. C'était un homme d'une taille colossale, couvert d'un plaid d'une étoffe à carreaux rouges, verts et violets, et sous lequel on voyait une jaquette de peau de taureau ; son arc et ses flèches étaient sur ses épaules ; sa tête était découverte, et une chevelure touffue, dont les mèches mêlées ressemblaient aux tresses (2) des Irlandais, servait à lui couvrir la tête, au lieu de toque. Il avait à sa ceinture une épée et un poignard, et tenait à sa main une hache d'armes danoise, qu'on appela depuis hache du

---

(1) Sujet de la vignette du titre de ce volume.
(2) Glibbs. Mot consacré pour la coiffure des Irlandais. — Éd.

Lochaber (1). Il sortit ensuite par cette espèce de portique sauvage quatre hommes d'une taille non moins grande, habillés et armés de la même manière, et qui passèrent l'un après l'autre.

Catherine était trop habituée à voir des montagnards près de Perth, pour être aussi alarmée qu'une autre jeune fille des plaines aurait pu l'être dans une semblable occasion. Elle vit avec assez de tranquillité ces hommes à taille gigantesque former un demi-cercle autour d'elle et du moine; ils fixaient sur eux leurs grands yeux, qui exprimaient, autant qu'elle en pouvait juger, une sauvage admiration de sa beauté. Elle leur adressa une inclination de tête, et prononça imparfaitement les mots usités dans la salutation des montagnards. Le plus âgé, et celui qui conduisait la bande, répondit au salut, et redevint silencieux et immobile. Le moine prit son chapelet, et Catherine elle-même conçut d'étranges frayeurs pour sa sûreté personnelle, et désirant savoir, sans plus tarder, si elle et le moine seraient libres de quitter ces lieux, elle s'avança comme si elle avait l'intention de descendre la montagne; mais lorsqu'elle essaya de passer la ligne que les montagnards avaient tracée, chacun d'eux étendit sa hache d'armes et remplit ainsi tous les espaces par lesquels elle aurait pu passer.

Un peu troublée, mais non pas découragée, car elle ne pouvait concevoir que les montagnards eussent des intentions coupables à leur égard, elle s'assit sur un des fragmens du rocher, et rassura le moine qui était à côté d'elle.

---

(1) Hache au bout d'une pique, et d'une forme toute particulière.
Éd.

— Si je crains, dit le père Clément, ce n'est pas pour moi-même; que ma tête soit abattue par la hache de ces hommes sauvages, ou que mes mains soient liées avec les cordes de leurs arcs pour être livré à de plus cruelles tortures, je ne regretterai point la vie, ma fille, si tu peux échapper sans danger.

— Nous n'avons ni l'un ni l'autre occasion de craindre aucun mal, répondit la Jolie Fille de Perth; voici Conachar qui nous l'assurera lui-même.

Tandis qu'elle parlait ainsi, ses yeux doutaient encore, tant les manières et les vêtemens de Conachar étaient changés; il s'élança d'un roc élevé, et tomba légèrement devant Catherine. Son habit était de la même étoffe que celui des montagnards dont nous avons déjà parlé, mais assujetti au col et aux coudes par un collier et des bracelets d'or. Son haubert avait le poli de l'argent. Ses bras étaient chargés d'ornemens; sa toque, outre la plume d'aigle qui indiquait la qualité de Chef, était décorée d'une chaîne d'or qui l'entourait plusieurs fois, et attachée par une agrafe ornée de perles. La boucle qui servait à assujettir sur l'épaule le manteau de tartan, ou le plaid, comme ce manteau est appelé maintenant, était d'or aussi et artistement travaillée. Il n'avait d'autres armes à la main qu'une petite baguette de sapin dont la tête était recourbée. Son maintien et sa démarche, qui exprimaient autrefois l'humeur et le chagrin que lui causait sa dégradation, indiquaient alors la hardiesse, la présomption et la fierté. Il s'arrêta devant Catherine, avec un sourire de confiance sur les lèvres, comme s'il voulait lui laisser le temps de le reconnaître.

— Conachar, dit Catherine désirant terminer cet

état d'inquiétude, sont-ce là les gens de votre père ?

— Non, belle Catherine, répondit le jeune homme ; Conachar n'est plus, et cependant les injures qu'il a reçues seront vengées. Je suis Ian Eachin Maclan, fils du chef du clan de Quhele. J'ai changé de plumage, comme vous le voyez, en changeant de nom. Ces hommes ne sont point les gens de mon père, mais les miens. Vous en voyez seulement la moitié ; ils forment une bande composée de mon père nourricier et de ses huit garçons ; ce sont mes gardes du corps et les enfans de mon baudrier (1), qui ne respirent que pour accomplir ma volonté. Mais Conachar, ajouta-t-il d'une voix plus douce, existe encore si Catherine désire le voir ; il est le jeune chef du clan de Quhele aux yeux de tous, mais près d'elle, aussi humble, aussi soumis que lorsqu'il était l'apprenti de Simon Glover. Voyez, voici la baguette que j'ai reçue de vous le jour où nous allâmes chercher des noisettes ensemble, sur les coteaux de Lednoch, au commencement de l'automne de l'année qui vient de s'écouler. Je ne voudrais pas la donner, Catherine, même pour le bâton de commandement de ma tribu.

Tandis qu'Eachin parlait, Catherine réfléchissait qu'elle avait peut-être agi imprudemment en demandant le secours d'un jeune présomptueux, enorgueilli sans doute de ce changement subit d'un état de servitude à une puissance qui lui donnait une autorité sans bornes sur des espèces de sauvages.

(1) *The children of my belt*, c'est-à-dire ceux qui sont toujours à mes côtés, comme le baudrier qui m'entoure le corps ; locution toute gaëlique, déjà employée par Douglas. — Éd.

— Vous ne me craignez pas, belle Catherine? dit le montagnard en prenant la main de la jeune fille. J'ai ordonné à mes gens de paraître quelques minutes avant moi, afin de voir comment vous supporteriez leur présence; il me semble que vous les regardez comme si vous étiez destinée à devenir la femme d'un chef de clan.

— Je n'ai aucune raison de craindre les habitans des hautes-terres, répondit Catherine avec fermeté, surtout quand je pense que Conachar est avec eux; Conachar, qui a bu dans notre coupe et mangé de notre pain; mon père a souvent trafiqué avec les montagnards, et il n'y eut jamais de querelle entre eux et lui.

— Réellement? reprit Hector (car tel est le nom saxon qui équivaut à Eachin). Quoi! pas même lorsqu'il prit le parti du Gow Chrom, l'armurier bancal (1), contre Eachin Mac Ian? — Ne dites rien pour l'excuser, et croyez que ce sera votre propre faute si jamais je fais encore allusion à cette querelle. — Mais vous aviez quelques ordres à me donner; parlez, vous serez obéie.

Catherine se hâta de répondre; car il y avait dans les manières et le langage du jeune Chef quelque chose qui lui inspirait le désir de terminer cette entrevue.

— Eachin, dit-elle, puisque Conachar n'est plus votre nom, vous pensez qu'en vous demandant un service je croyais m'adresser à mon égal et non pas à un homme d'un rang supérieur au mien. Vous et moi, nous avons des obligations à ce bon religieux pour les instructions qu'il nous a données. Il court maintenant

---

(1) Les traditions peignent *Henry of the Wynd* avec les jambes un peu torses; et les montagnards l'appelaient à cause de cela *le Gow Chrom*. — Éd.

de grands dangers; des hommes méchans l'accusent de fautes qu'il n'a point commises, il désire rester dans une retraite sûre, jusqu'à ce que l'orage soit passé.

— Ah! le bon père Clément! Le digne homme fit beaucoup pour moi, et mon caractère impétueux n'était guère capable de profiter de ses avis. Je voudrais bien voir quelqu'un de la ville persécuter un homme qui aurait touché le manteau de Mac Ian.

— Il serait imprudent de se fier trop à cette parole, répondit Catherine. Je ne doute point de la puissance de votre tribu, mais lorsque Douglas le Noir se mêle d'une querelle, il ne recule point devant le plaid d'un montagnard.

L'habitant des hautes-terres cacha son mécontentement sous un sourire forcé.

— Le moineau qui est près de nous, dit-il, semble plus grand que l'aigle qui se tient perché sur le Bengoïle. Vous craignez davantage les Douglas parce qu'ils sont plus près de vous. Mais vous ne savez pas jusqu'où s'étendent nos vallons et nos forêts, au-delà de ces sombres montagnes que vous apercevez dans le lointain. Vous croyez que le monde entier est sur les rives du Tay. Ce bon moine verra des rocs qui pourraient le protéger contre toute une armée de Douglas; il verra aussi des hommes capables de les faire reculer encore une fois au sud des Grampians. — Mais pourquoi ne serions-nous pas tous réunis? Je puis envoyer une bande à Perth qui amènera ici votre père en sûreté. Il pourra exercer son commerce au-delà du lac Tay. — Seulement je ne ferai plus de gants; je fournirai des peaux à votre père, mais pour ma part je n'en taillerai que lorsqu'elles seront sur le dos des hommes.

— Mon père viendra un jour vous voir dans votre maison, Conachar : je veux dire Hector. Mais il faut que les temps soient plus tranquilles. Il y a des querelles entre les habitans de la ville et les gens des nobles, et l'on parle aussi de guerre avec les montagnards.

— Oui, de par Notre-Dame! Catherine! et sans cette guerre, votre visite dans les montagnes serait plus longue, ma jolie maîtresse. Mais les habitans des hautes-terres ne seront pas plus long-temps divisés en deux nations. Ils se battront pour la suprématie, et celui qui l'emportera traitera avec le roi d'Écosse comme avec un égal et non comme avec son supérieur. Priez que la victoire favorise Mac Ian, ma pieuse Catherine, et vous prierez pour quelqu'un qui vous aime tendrement.

— Je prierai pour la bonne cause, répondit Catherine, ou plutôt je prierai pour la paix. — Adieu, bon et excellent père Clément. Croyez que je n'oublierai jamais vos leçons, et souvenez-vous de moi dans vos prières. — Mais comment serez-vous capable de supporter un voyage si pénible (1)?

— On le portera si cela est nécessaire, reprit Hector, et si nous allons loin avant de lui trouver un cheval. Mais vous, Catherine, il y a loin d'ici à Perth. Laissez-moi vous accompagner, comme j'en avais l'habitude autrefois.

— Si vous étiez maintenant comme autrefois, je ne refuserais pas votre escorte. Mais les agrafes d'or et les

---

(1) Ce fut en 1408 que la persécution religieuse alluma ses premiers bûchers en Écosse. Jacques Resby, prêtre de la secte de Wicleff, fut condamné à être brûlé vif comme hérétique par un conseil ecclésiastique sous la présidence de Lawrence de Lindores.

Éd.

bracelets sont une dangereuse compagnie, quand les lanciers de Liddesdale et d'Annandale sont aussi nombreux sur les grandes routes que les feuilles à la messe des Rameaux; la rencontre d'un plaid montagnard et d'une cotte de mailles ne se passerait pas tranquillement.

Elle hasarda cette remarque parce qu'elle crut observer dans les regards du jeune Eachin qu'il n'avait point encore surmonté les habitudes qu'il avait prises dans son humble état, et que, malgré ses paroles hardies, il ne serait point assez téméraire pour braver l'inégalité du nombre, ce qui lui serait arrivé s'il était descendu jusque dans les environs de la ville. Il paraît que Catherine avait jugé sainement; car après un adieu où elle obtint que sa main serait baisée au lieu de ses lèvres, elle prit seule la route de Perth, et, regardant derrière elle, elle aperçut les montagnards qui, s'engageant dans une route difficile et escarpée, disparaissaient quelquefois et reparaissaient de nouveau, en dirigeant leurs pas vers le nord.

A mesure que la distance augmentait entre elle et ces hommes à moitié sauvages, elle sentait diminuer son inquiétude. Elle savait que leurs actions seraient gouvernées par la volonté de leur Chef, et ce chef était un jeune homme impétueux et léger! En revenant à Perth, seule, elle ne craignait aucune insulte des soldats des divers partis qu'elle pourrait rencontrer, car les statuts de la chevalerie étaient à cette époque une protection plus sûre pour une fille d'un maintien décent qu'une escorte d'hommes armés; mais des dangers plus éloignés effrayaient son esprit. Les poursuites du jeune prince avaient pris un caractère plus redoutable depuis les menaces que son indigne favori avait osé lui faire si elle persévérait dans ce qu'il appelait sa pruderie. De telles menaces dans ce siècle, et sorties d'une telle bouche, étaient un vrai sujet d'alarmes. Les prétentions de Conachar à son amour, prétentions qu'il avait à peine réprimées durant son état de servitude, et qu'il avouait maintenant hautement, devenaient un nouveau surcroît d'inquiétude. Les habitans des hautes-terres avaient déjà fait plus d'une incursion dans la ville de Perth ; plusieurs citoyens, enlevés de leurs propres maisons, avaient été faits prisonniers ou étaient tombés sous la claymore dans les rues mêmes de la ville. Elle craignait encore les importunités de son père en faveur de l'armurier, dont la conduite indigne le jour de Saint-Valentin lui avait été rapportée. N'eût-il point été coupable, elle n'eût pas davantage osé l'écouter, car elle entendait encore à ses oreilles les affreuses menaces de Ramorny. Ces dangers, ces craintes, lui inspiraient plus que jamais le désir de prendre le voile, mais elle ne voyait aucune possibilité d'obtenir le consentement de son père.

Au milieu de ces réflexions, nous ne pouvons découvrir si Catherine regretta profondément que ces périls fussent causés par sa beauté. Le titre de *la Jolie Fille de Perth* flattait sans doute sa vanité : cette faiblesse annonçait qu'elle n'était pas tout-à-fait un ange. Peut-être y avait-il encore une autre faiblesse dans son cœur, en dépit des fautes réelles ou supposées de Henry Smith, car un soupir s'échappait de son sein toutes les fois qu'elle songeait au jour de Saint-Valentin.

CHAPITRE XV.

Nous avons découvert les secrets du confessionnal ; ceux de la chambre du malade ne nous sont pas plus cachés. Dans un sombre appartement, où des onguens et des fioles annonçaient que l'apothicaire n'avait point épargé les remèdes, un grand et maigre jeune homme était couché sur un lit, vêtu d'une robe de nuit attachée autour de sa taille, la pâleur était répandue sur son visage, et mille passions tumultueuses s'agitaient dans son sein.

Tout dans l'appartement annonçait l'opulence. Henbane Dwining, l'apothicaire qui soignait le patient, se glissait d'un coin de la chambre à l'autre, avec l'adresse et l'agilité d'un chat, en s'occupant à mélanger les drogues et à préparer les appareils. Le malade fit entendre un ou deux gémissemens, et le médecin, s'approchant de son lit, lui demanda si ces plaintes étaient un effet des souffrances de sa blessure ou de ses peines morales.

— Des deux, valet empoisonneur, répondit sir John

Ramorny; elles sont aussi causées par le chagrin d'être obligé de supporter ta maudite compagnie.

— Si cela est ainsi, je puis au moins remédier à un des maux de Votre Seigneurie, dit l'apothicaire, en quittant ces lieux pour me rendre dans ceux où d'autres affaires m'appellent. Grace aux querelles de ces temps orageux, si j'avais vingt mains, au lieu de deux, pour m'assister dans mon art (et l'apothicaire montrait ses mains décharnées), il y aurait assez d'ouvrage pour les occuper, et de l'ouvrage bien récompensé encore, où l'argent et les remerciemens se disputent à qui paiera le mieux mes services; tandis que vous, sir John, vous reportez sur votre chirurgien la colère que vous devriez seulement éprouver pour l'auteur de votre blessure.

— Il est au-dessous de moi de te répondre, vilain, dit sir John; mais chaque mot de ta malicieuse langue est un poignard qui ouvre des plaies que tous les baumes de l'Arabie ne pourraient fermer.

— Sir John, je ne vous comprends pas; mais si vous donnez ainsi carrière à vos accès de rage, il est impossible qu'il n'en résulte pas de la fièvre et de l'inflammation.

— Alors, pourquoi parles-tu de manière à m'échauffer le sang? pourquoi dire que, toi indigne, tu aurais besoin de plus de mains que la nature ne t'en a donné, quand, moi, un chevalier, un gentilhomme, quand je suis mutilé comme un invalide?

— Sir John, reprit l'apothicaire, je ne suis point un théologien, ni un croyant bien ferme de ce que les théologiens nous enseignent. Cependant je dois vous rappeler que la Providence aurait pu vous traiter plus cruellement encore; car si le coup qui vous a fait cette blessure avait atteint le haut de vos épaules auquel il était destiné, il aurait abattu votre tête au lieu d'amputer un membre d'une moindre importance.

— Je souhaiterais que cela eût été ainsi, Dwining, je souhaiterais que le coup eût porté plus haut; je n'aurais point vu alors des plans combinés avec tant d'adresse renversés tout à coup par la force brutale d'un paysan ivre. Je ne serais point réservé à voir des coursiers que je ne puis monter, des lices où je ne puis entrer, des grandeurs dont je ne puis plus jouir, des batailles où je ne puis plus combattre. Je ne serais pas réservé, avec les passions impétueuses et l'ambition d'un homme, à mener désormais la vie tranquille des femmes, méprisé par elles aussi, comme un misérable impotent indigne d'obtenir les faveurs du beau sexe.

— Supposons qu'il en soit ainsi, je vous prierai cependant de faire attention, répondit Dwining toujours occupé à préparer l'appareil des blessures, que vos yeux, que vous auriez perdus avec votre tête, peuvent vous présenter encore un plaisir aussi grand que ceux de l'ambition, que ceux de la victoire dans les lices ou sur les champs de bataille, que ceux de l'amour même.

— Mes facultés intellectuelles sont trop faibles pour vous comprendre, répondit Ramorny; quel est le magnifique spectacle qui m'est réservé dans mon malheur?

— Le plaisir le plus vif qu'un homme puisse connaître, reprit Dwining. Alors, avec l'accent d'un amant qui prononce le nom d'une maîtresse adorée et dont la passion se devine jusque dans le son de sa voix, il ajouta le mot : VENGEANCE!

Le malade s'était soulevé sur son lit pour écouter la solution de l'énigme de l'apothicaire. Il se recoucha lorsqu'il l'eut entendue, et après un moment de silence il dit: — Dans quel collège chrétien avez-vous puisé cette morale, maître Dwining?

— Ce n'est point dans un collège chrétien, car, quoiqu'elle soit secrètement approuvée dans la plupart, elle n'est ouvertement adoptée dans aucun. Mais j'ai étudié parmi les sages de Grenade, où le Maure courageux montre hautement le poignard qu'il vient de retirer sanglant du cœur de son ennemi, et fait gloire de la doctrine que le timide chrétien pratique sans oser l'avouer.

— Tu es un vilain dont l'ame a plus d'énergie que je ne le croyais.

— Les eaux les plus tranquilles sont aussi les plus profondes, et l'ennemi qui est le plus à craindre est celui qui ne menace point avant de frapper. Vous autres chevaliers et hommes d'armes vous allez droit à votre but, l'épée à la main; nous autres clercs nous gagnons tout à force d'adresse; et sans bruit, par des routes détournées, nous arrivons non moins sûrement à nos desseins.

— Et moi, dit le chevalier avec dédain, dont jusqu'ici le pied armé, en marchant à la vengeance, faisait retentir les échos, faut-il être obligé de me servir d'une chaussure comme la tienne?

— Celui qui manque de force doit user d'adresse, répondit le médecin.

— Et dis-moi franchement dans quelle intention tu veux m'apprendre les leçons du diable. Pourquoi veux-tu m'engager plus vite et plus loin dans ma vengeance que je ne semble le désirer? Je suis vieux dans l'expérience des hommes; et je sais que ceux de ton espèce ne laissent point échapper de semblables mots sans projets, ni ne se hasardent à recevoir les dangereuses confidences d'hommes tels que moi sans avoir l'espoir d'arriver par ce moyen à un but particulier. Quel intérêt peux-tu avoir sur la route ou paisible ou sanglante que je parcourrai dans ces circonstances?

— Pour parler franchement, sire chevalier, ce qui ne m'arrive pas ordinairement, je vous dirai que le chemin que je suivrai pour ma vengeance est le même que le vôtre.

— Que le mien? dit Ramorny avec un ton de surprise et de mépris; je pensais que je visais trop haut pour que tu pusses y atteindre. Tu as la même vengeance à poursuivre que Ramorny!

— C'est la vérité, reprit Dwining, car le rustre de forgeron dont est parti le coup qui vous a blessé m'a souvent accablé de mépris et d'injures. Sa valeur brutale et déterminée est un reproche vivant de ma subtilité naturelle; je le crains, et par conséquent je le hais.

— Et vous espérez trouver en moi un actif coadjuteur? dit Ramorny toujours avec un ton méprisant. Mais apprenez que l'artisan est d'un degré trop bas pour m'inspirer ni haine ni crainte. Cependant il sera puni. Nous ne haïssons pas le reptile qui nous a piqué, quoique nous puissions le renverser et le fouler aux pieds. Je connais le coquin depuis long-temps: je sais qu'il est adroit à manier les armes, et de plus un des prétendans de cette dédaigneuse poupée dont les charmes ont inspiré notre sage et prudente entreprise.

Démons qui dirigez ce monde de ténèbres, par quel excès de malice avez-vous décidé que la main qui a pointé la lance contre le cœur d'un prince serait coupée comme un jeune arbre par le bras d'un vilain, et pendant une débauche de nuit! Bien, médecin; jusqu'ici notre route est la même, et tu peux croire que j'écraserai cette vipère puisque cela te convient. Mais ne pense pas m'échapper lorsque ce premier point de ma vengeance sera accompli, ce qui ne demandera ni beaucoup de temps ni beaucoup d'adresse.

— Cela ne sera pas aussi aisé que vous le supposez, dit l'apothicaire; car si Votre Seigneurie veut me croire, il ne serait ni sûr ni prudent de se mesurer avec lui. C'est l'homme le plus fort, le plus hardi, le plus habile à manier l'épée qu'il y ait dans la ville de Perth et dans les environs.

— Ne crains rien, on lui trouvera son pareil, eût-il la force de Samson. Mais écoute-moi bien; n'espère pas toi-même échapper à ma vengeance si tu ne consens à devenir mon agent passif dans la scène qui suivra. Écoute-moi bien; je te le répète encore, je n'ai point fait mes études dans un collège mauresque, j'ai peut-être moins d'appétit que toi pour la vengeance, cependant je veux en avoir ma part. Attention, médecin, tandis que je vais me découvrir à toi. Mais prends garde de me trahir, car, quelque puissante que soit ta science diabolique, tu as pris des leçons d'un démon inférieur au mien. Écoute. Le maître dont j'ai servi les vertus et les vices, avec trop de zèle pour ma propre réputation peut-être, mais enfin avec une fidélité inviolable; cet homme dont j'ai flatté les folies, et pour lequel j'ai supporté la perte irréparable que j'ai faite, est, pour obéir aux prières d'un père presque en enfance, à la veille de me sacrifier, de m'ôter sa faveur, et de m'abandonner à la merci d'un parent hypocrite, avec lequel il essaie de se raccommoder à mes dépens : s'il persévère dans ce dessein ingrat, tes Maures vindicatifs, dont le teint est plus sombre que la fumée de l'enfer, rougiront de voir leur vengeance surpassée ; mais je veux encore lui donner une chance pour son honneur et sa sûreté avant de m'abandonner à toute ma rage. — Ma confiance n'ira pas plus loin. — Prends ma main en signe de consentement; prends ma main, dis-je? Où est la main qui devrait être le gage de la parole de Ramorny? Elle est clouée au pilori, ou jetée avec dégoût aux chiens vagabonds, qui la dévorent peut-être en cet instant. Pose donc seulement tes doigts sur ce tronc mutilé, et jure de me servir dans ma vengeance, comme je te jure de te servir dans la tienne. Hé bien, seigneur médecin, vous devenez pâle. — Celui qui dit à la mort, « Avance ou recule, » peut-il trembler en pensant à elle ou en l'entendant nommer; je n'ai point mentionné votre récompense, car celui qui aime la vengeance pour elle-même ne doit rien exiger de plus. Cependant, si des terres et des sommes d'or peuvent augmenter ton zèle dans cette cause, crois-moi, tu n'en manqueras pas.

—Elles conviennent en quelque chose à mes humbles désirs, répondit Dwining; l'homme pauvre dans cette cohue qu'on appelle le monde est renversé, comme un nain au milieu d'une foule, et bientôt écrasé sous les pieds : le riche et le puissant se lèvent comme des géans au-dessus des autres, et sont à leur aise, tandis que tout est tumulte autour d'eux.

— Eh bien, médecin, place-toi au-dessus de la foule aussi haut que l'or pourra t'élever. Cette bourse est pesante, et ce n'est qu'une faible partie de ta récompense.

— Et cet armurier? mon noble bienfaiteur, dit l'apothicaire en mettant la bourse dans sa poche; cet Henry du Wynd ou n'importe comment on l'appelle. — La nouvelle qu'il a été puni de son crime n'adoucirait-elle pas la douleur de votre blessure plus efficacement que les baumes de la Mecque?

— C'est une chose au-dessous des pensées de Ramorny; et je n'éprouve pas plus de ressentiment contre lui, que je n'en ai contre l'arme insensible dont il a fait usage. Mais il est juste que ta haine soit satisfaite. Où le trouve-t-on ordinairement?

— J'y ai souvent réfléchi, répondit Dwining. Mais attenter à sa vie en plein jour et dans sa propre maison, cela serait imprudent et dangereux, car il a cinq ouvriers qui travaillent avec lui dans sa forge; quatre d'entre eux sont de robustes coquins, et tous chérissent leur maître. La nuit ce serait presque aussi difficile, car sa porte est fortement assujettie par des barres de bois de chêne et de fer, et si on pouvait la forcer tout le voisinage accourrait à son secours, surtout dans ce moment où l'on est encore alarmé par le souvenir de la veille de Saint-Valentin.

— Cela est vrai, répondit Ramorny; cependant il est dans ta nature de tromper, même avec moi. — Tu connaissais ma main et mon cachet, comme tu le dis, quand cette main fut trouvée dans la rue, semblable aux restes dégoûtans d'une boucherie. — Pourquoi, puisque tu la reconnaissais, suivis-tu ces lourdauds de citoyens qui allaient consulter ce Patrice Charteris, auquel on devrait enlever les éperons pour lui apprendre à embrasser la défense de mauvais bourgeois ? tu les suivis encore lorsqu'ils déshonorèrent cette main insensible, que sir Patrice (si elle était encore à sa place) ne serait pas digne de toucher pendant la paix, ou d'en éprouver la force pendant la guerre.

— Mon noble patron, aussitôt que j'eus des motifs de croire que c'était vous qui aviez été blessé, j'employai tous mes moyens de persuasion pour apaiser le tumulte; mais ce fanfaron de Smith et quelques autres têtes chaudes crièrent qu'il fallait se venger. Votre Seigneurie sait peut-être que ce garçon se qualifie le chevalier de la Jolie Fille de Perth, et croit qu'il est de son honneur de poursuivre toutes les querelles de son père; mais j'ai brouillé ses affaires de ce côté, et c'est déjà un avant-goût de vengeance.

— Que voulez-vous dire? demanda le malade.

— Votre Seigneurie saura, répondit le médecin, que cet armurier est un gaillard qui n'a pas des mœurs fort régulières. Je l'ai rencontré le jour de Saint-Valentin, quelque temps après le combat entre les gens de la ville et la suite de Douglas; oui, je l'ai rencontré se glissant à travers les allées et les passages avec une chanteuse, portant le paquet et la viole de cette fille sous le bras. Que pense de cela Votre Seigneurie? N'est-ce pas là un joli écuyer? être le rival d'un prince dans ses amours avec la plus jolie fille de Perth, couper la main à un chevalier, à un baron, et devenir le cavalier d'une vagabonde, tout cela dans vingt-quatre heures?

— Eh! mais, je l'estime davantage depuis que je lui connais cette humeur de gentilhomme, tout vilain qu'il est. Je voudrais qu'il fût un dévot scrupuleux au lieu d'un gaillard, et je t'aurais aidé de meilleur cœur dans ta vengeance. Et quelle vengeance! se venger sur un armurier! embrasser la querelle d'un misérable fabricant de chanfreins! Cependant cela sera; tu l'as déjà commencée par tes propres manœuvres.

— Bien faiblement encore, dit l'apothicaire. Je pris soin que deux ou trois personnes, et les plus bavardes de Curfew-Street, qui n'aiment point à entendre appeler Catherine « la Jolie Fille de Perth, » eussent connaissance de l'histoire de son fidèle Valentin. Elles ont mordu à l'hameçon avec tant de promptitude qu'au lieu de douter de l'histoire elle jureraient plutôt maintenant qu'elles en ont été les témoins de leurs propres yeux. L'amant arriva chez le père une heure plus tard, et vous pouvez deviner la réception qu'il reçut de Glover, car la jeune fille ne voulut pas même le regarder. Votre Seigneurie voit maintenant comment je me suis procuré un avant-goût de vengeance; j'espère obtenir le reste, puisque nous venons de former une ligue de frères.

— De frères! dit le chevalier avec mépris. Mais n'importe, les prêtres disent que nous sommes tous pétris du même limon. Je n'en sais rien. — Il me semble qu'il existe quelque différence. Enfin celui qui a été formé dans un moule plus parfait tiendra sa parole à son inférieur. Tu seras satisfait; appelle mon page.

Le médecin appela, et un jeune homme parut.

— Eviot, dit le chevalier, Bonthron n'est pas sorti; est-il ivre?

— Non, grace au sommeil qu'il a pris après avoir bu, répondit le page.

— Alors dites-lui de venir ici, et fermez la porte.

On entendit bientôt après un pas lourd qui s'approchait de l'appartement; un homme entra dont la courte taille semblait être compensée par la largeur de ses épaules et la force de ses bras.

— Il y a un homme auquel tu auras affaire, Bonthron, dit le chevalier.

Les traits grossiers de Bonthron s'adoucirent un peu, et sa bouche fit une contorsion en essayant de sourire.

— Ce médecin te montrera l'homme en question, reprit le chevalier. Calcule bien le temps, le lieu et les circonstances qui pourront assurer ton succès; et prends garde de te tromper; car l'homme dont je te parle est le batailleur Smith du Wynd.

— Il faudra user d'adresse, répondit l'assassin, car si je manque mon coup, je puis me regarder comme mort. Toute la ville de Perth parle de la valeur et de la force de cet armurier.

— Prenez deux autres personnes pour vous aider, dit le chevalier.

— Non pas, répondit Bonthron; si quelque chose doit être double que ce soit la récompense.

— Compte qu'elle le sera si tu t'acquittes parfaitement de ta commission.

— Fiez-vous à moi, sire chevalier, j'ai rarement manqué mon coup.

— Suis les avis de cet homme prudent, dit sir John en montrant le médecin; attends que Smith se présente, et ne bois pas jusqu'à ce que ta tâche soit remplie.

— Soyez-en certain, répondit le sombre sicaire; ma

vie dépend d'un coup dirigé par une main sûre. Je connais celui auquel j'ai affaire.

— Sors, jusqu'à ce que le médecin te commande de le suivre; apprête ta hache et ton poignard.

Bonthron salua et sortit.

— Votre Seigneurie confie cette affaire à un seul homme, dit le médecin lorsque l'assassin eut quitté la chambre. Je vous prierai cependant de vous souvenir qu'il y a deux nuits Smith renversa six hommes armés.

— Un homme comme Bonthron, lorsqu'il a bien choisi son moment, vaut mieux qu'une douzaine de jeunes débauchés à demi troublés par le vin. Appelle Eviot : tu vas exercer d'abord ton talent de guérir, et il n'y a point de doute que tu réussiras. Dans la seconde affaire, tu seras aidé par un homme qui te vaut dans l'art d'envoyer promptement et adroitement les gens dans l'autre monde.

Le page Eviot parut une seconde fois, et, obéissant à un signe de son maître, aida le chirurgien à changer l'appareil de la blessure de sir John. Dwining regardait le bras nu avec une espèce de plaisir qui tenait à sa profession, et qui était augmenté encore par la méchanceté de son cœur. C'était une jouissance pour lui que de contempler la souffrance. Le chevalier arrêta un instant ses yeux sur l'horrible spectacle, et succombant sous le poids de sa douleur, il fit entendre, malgré ses efforts pour cacher son mal, un profond gémissement.

— Vous gémissez, dit le médecin d'une voix douce et insinuante, mais avec un sourire de joie et de dédain qui se montra malgré lui sur ses lèvres, et que sa dissimulation habituelle ne put entièrement déguiser; vous gémissez, mais rassurez-vous : cet Henry Smith connait son affaire; son épée atteint le but aussi bien que son marteau l'enclume. Si un homme moins habile eût frappé ce coup fatal, il eût endommagé seulement l'os et lacéré les muscles : tout mon art eût été inutile; mais les blessures que fait Henry Smith sont nettes. Ce sont des amputations aussi faciles à guérir que celles que pourrait faire mon propre scalpel. Dans quelques jours, en suivant avec attention les ordonnances de votre médecin, vous serez capable de sortir.

— Mais ma main? la perte de ma main.

— Cette perte peut être cachée pendant quelque temps, dit le médecin; j'ai confié à quelques bavards, sous le plus grand secret, que la main qui fut trouvée était celle de votre valet, Black Quentin, et Votre Seigneurie sait qu'il est parti pour le comté de Fife d'une manière à le faire croire généralement.

— Je sais, dit Ramorny, que ce conte peut cacher la vérité pour quelques jours; mais ensuite, que deviendrai-je?

— Cela peut être caché jusqu'à ce que Votre Seigneurie se retire de la cour. Alors, quand de nouveaux événemens auront fait perdre le souvenir du dernier tumulte, on pourra dire que votre blessure vient de l'éclat d'une lance ou du trait d'une arbalète. Votre esclave trouvera des moyens convenables pour le faire croire, et assurera que c'est la vérité.

— Cette pensée me rend fou, dit Ramorny avec un nouveau gémissement, causé autant par ses peines morales que par ses souffrances : cependant je ne vois pas de meilleur remède.

— Il n'y en a point d'autre, répondit le médecin, pour qui les tourmens du chevalier étaient un spectacle délicieux; maintenant on sait que vous êtes retenu dans votre chambre en conséquence de quelques contusions, et chagriné par la résolution que le prince a prise de vous retirer sa faveur et de vous congédier de sa maison, d'après les avis du duc d'Albany : cela est connu publiquement.

— Vilain, tu te plais à me tourmenter, dit le malade.

— Toute cette affaire bien considérée, dit Dwining, Votre Seigneurie s'en est encore assez bien tirée. Il vous manque une main, il est vrai, et c'est un mal sans remède; mais au moins elle est bien coupée, et il n'y a point en France ou en Angleterre de chirurgien — barbier qui eût pu faire cette opération aussi adroitement que Smith.

— Je comprends tout ce que je lui dois, répondit le chevalier essayant de cacher sa colère sous un maintien composé; et si Bonthron ne le paie par un coup appliqué aussi adroitement, et s'il ne rend pas l'assistance du chirurgien inutile, vous direz que sir John Ramorny ne sait pas s'acquitter d'une obligation.

— C'est une pensée noble comme vous-même, sire chevalier, répondit le médecin; mais laissez-moi ajouter que l'adresse de l'opérateur aurait été vaine, et que l'hémorrhagie eût épuisé vos veines sans les bandages, le cautère et les styptiques appliqués par les bons moines et par les services de votre humble vassal, Henbane Dwining.

— Paix, s'écria le malade, avec ta voix de mauvais augure et ton nom de plus mauvais présage encore (1).

(1) Henbane (poison aux poules): c'est une espèce de *jus-*

Il me semble, tandis que tu parles des tortures que j'ai endurées, que je sens les nerfs de la main que j'ai perdue frémir, s'étendre, se contracter, comme s'ils faisaient encore agir les doigts qui ne peuvent plus saisir un poignard.

— Ceci explique, n'en déplaise à Votre Seigneurie, un phénomène bien connu dans notre profession. Parmi les anciens sages, il y en a qui ont pensé qu'il existe encore de la sympathie entre les nerfs d'un membre amputé et la partie qui en a été retranchée, et que, dans un cas semblable au vôtre, par exemple, les doigts que vous n'avez plus peuvent encore frémir et se contracter, comme répondant à l'impulsion qui provient de leur sympathie avec les forces vitales du membre auquel ils ont appartenu. Si nous pouvions recouvrer la main qui est maintenant attachée à la croix de la ville ou sous la garde de Douglas-le-Noir, j'aimerais à observer cet étonnant phénomène; mais je suppose qu'on pourrait avec autant de sûreté essayer de ravir la proie d'un aigle affamé.

— Et tu pourrais avec autant de sûreté te jouer de la colère d'un lion blessé que de celle de sir John de Ramorny, dit le chevalier, agité d'une indignation qu'il ne pouvait plus maîtriser. Misérable! fais ton devoir, et souviens-toi que s'il me manque une main pour saisir un poignard, j'en ai plus de cent à mes ordres.

— La vue d'un seul levé avec colère serait suffisant, dit Dwining, pour éteindre les facultés vitales de votre chirurgien; mais alors, ajouta-t-il d'un ton moitié insi-

---

quiame, plante vénéneuse qui a aussi en français le nom d'*hannebane*. — Éd.

nuant, moitié moqueur, qui pourrait apaiser les douleurs cuisantes que mon patron souffre en ce moment, et qui l'exaspèrent même contre son pauvre serviteur, parce qu'il cite les règles de l'art de guérir, bien peu de chose sans doute comparé au pouvoir d'infliger des blessures.

N'osant pas jouer davantage avec l'humeur du dangereux malade, le chirurgien s'appliqua sérieusement à panser la blessure; il y appliqua un baume parfumé dont l'odeur se répandit dans l'appartement, tandis qu'il changeait en une douce fraîcheur le feu de la blessure. Le bien qu'en éprouva le malade fut d'un effet si prompt, qu'au lieu d'un gémissement il fit entendre une exclamation de plaisir et se laissa retomber sur son lit pour jouir du calme et du bien-être qu'il venait d'éprouver.

Votre Seigneurie sait maintenant où sont ses amis, dit Dwining. Si vous aviez donné carrière à votre rage et dit : — Tuez-moi cet indigne charlatan, en quel lieu, dans l'enceinte des quatre mers de la Grande-Bretagne, auriez-vous pu trouver un homme qui vous eût fait autant de bien?

— Oubliez mes menaces, bon médecin, dit Ramorny, mais faites attention à la manière dont vous vous comporterez envers moi. Les gens de ma sorte ne supportent guère les plaisanteries sur leurs souffrances. Allez, et gardez vos brocards pour les misérables (1) qui sont couchés dans les hopitaux.

(1) *Misers*. Ce mot est employé par Spencer et autres auteurs de son temps dans le sens de *misérables*; mais il n'exprime plus aujourd'hui que le sens d'*avare*. (*Note de l'auteur.*)

Dwining n'essaya pas d'en dire davantage, mais versa quelques gouttes d'une fiole qu'il tira de sa poche, dans une petite coupe remplie d'eau.

— Ce breuvage, dit-il, est un médicament qui produira un sommeil non interrompu.

— Combien durera-t-il? demanda le chevalier.

— Cela est incertain, répondit le médecin, et dépend de la manière dont le médicament opérera. Peut-être jusqu'à demain matin.

— Peut-être jusqu'à l'éternité, dit le malade; seigneur médecin, goûtez-moi cette liqueur sur-le-champ, ou elle ne touchera pas mes lèvres.

L'apothicaire obéit avec un sourire dédaigneux.

— Je boirais le tout volontiers, dit Dwining; mais le jus de cette gomme des Indes donne le sommeil à l'homme bien portant comme au malade, et mes occupations me commandent de me tenir éveillé.

— Je vous demande pardon, Dwining, dit Ramorny en baissant les yeux, comme s'il était honteux d'avoir manifesté son soupçon.

— Il est inutile de demander pardon, reprit le médecin, à celui qui ne peut s'offenser. L'insecte doit remercier le géant de ce qu'il ne l'écrase pas sous ses pieds. Cependant, noble chevalier, les insectes ont le pouvoir de faire du mal aussi-bien que les médecins. Que m'aurait-il coûté d'empoisonner le baume que j'ai mis sur votre blessure, et de faire par ce moyen gangréner votre bras jusqu'à l'épaule, en figeant votre sang dans vos veines comme une gelée corrompue? Qui m'aurait empêché d'employer des secrets plus subtils encore, et d'infecter votre chambre avec des essences qui eussent affaibli peu à peu les sources de votre vie, jusqu'à ce qu'elles se fussent éteintes comme une lumière au milieu des vapeurs d'un caveau souterrain. Vous estimez peu mon pouvoir, si vous ne savez pas que mon art me procure des moyens de destruction plus profonds encore. Mais le médecin ne tue point le malade dont la générosité le fait vivre, et surtout celui par lequel il espère être vengé. Encore un mot. S'il était nécessaire de vous réveiller, car qui dans l'Écosse peut espérer de dormir huit heures sans être troublé? l'odeur de cette forte essence contenue dans cette petite boîte serait suffisante. Adieu, sire chevalier; si vous ne pensez point que j'aie une conscience très-délicate, accordez-moi au moins de la raison et du jugement.

En parlant ainsi le médecin quitta l'appartement: sa contenance naturellement basse et rampante avait quelque chose de plus assuré par la victoire qu'il venait de remporter sur son impérieux malade.

John Ramorny resta plongé dans de tristes réflexions jusqu'au moment où il sentit l'influence du breuvage narcotique. Il se réveilla pour un instant, et appela son page.

— Eviot! — J'ai eu tort, ajouta-t-il, de me découvrir ainsi à cet empoisonneur de charlatan. — Eviot!

Le page entra dans l'appartement.

— Le médecin est-il parti? demanda sir John.

— Oui, seigneur, répondit le page.

— Seul ou accompagné?

— Bonthron a parlé avec lui en particulier, et l'a suivi presque aussitôt, d'après les ordres de Votre Seigneurie, m'a-t-il dit.

— Grand Dieu! Oui, cela est vrai; il est allé chercher quelques médicamens. Il reviendra bientôt. S'il est ivre, empêche-le d'entrer dans ma chambre, et ne lui permets de causer avec personne. Il déraisonne lorsqu'il a bu. C'était un brave garçon avant qu'un Anglais lui eût fracassé le crâne. Mais depuis ce temps il parle un mauvais jargon toutes les fois qu'une coupe a touché ses lèvres. Qu'est-ce que le médecin vous a dit, Eviot?

— Rien, sinon qu'il m'a recommandé que Votre Seigneurie ne soit point dérangée.

— Vous devez lui obéir ponctuellement en cela, dit le chevalier. Je sens le sommeil qui me gagne; j'en ai été privé depuis cette blessure, ou du moins si j'ai dormi, c'était pour bien peu de temps. Aidez-moi à ôter ma robe de chambre, Eviot.

— Que Dieu et les saints vous envoient un repos tranquille, milord, dit le page en se retirant après avoir rendu à son maître le service qu'il lui demandait.

Comme Eviot quittait la chambre, le chevalier, dont les idées devenaient de plus en plus confuses, murmura en faisant allusion au souhait du page:

— Dieu, les saints! J'ai dormi autrefois bien tranquille sous une pareille protection. Mais maintenant je pense, si je ne puis parvenir à voir l'accomplissement de mes espérances ambitieuses ou de ma vengeance, que le meilleur souhait qu'on puisse me faire est que le profond sommeil qui va m'accabler dans l'instant soit l'avant-coureur de celui qui me rendra pour toujours au néant. Mais je ne puis raisonner plus longtemps.

En parlant ainsi il s'endormit profondément.

CHAPITRE XVI.

La nuit qui obscurcissait peu à peu l'appartement du malade, et qui s'étendait en même temps sur le reste de la terre, n'était point destinée à être tranquille. Le couvre-feu avait sonné depuis deux heures, et il en était neuf. Vers ce temps à peu près chacun se retirait pour dormir, excepté ceux que la dévotion, les devoirs ou les plaisirs tenaient éveillés. C'était le soir du mardi gras, ou ce qu'on appelle en Écosse veille de jeûne; et les lieux de plaisirs étaient plus remplis que les églises.

Pendant la journée le peuple se fatigua au jeu de ballon; les nobles et les gentillâtres employèrent leur temps à des combats de coqs, ou bien à écouter les couplets licencieux du ménestrel, tandis que les citoyens se gorgeaient de gâteaux frits dans du lard, et de pain trempé de bouillon gras dans lequel on avait fait bouillir du bœuf salé, et qu'on avait saupoudré de gruau grillé, plat qui aujourd'hui même n'est point indifférent aux anciens Écossais. Ces exercices et ces mets étaient particuliers à ce jour de fête; il était aussi de rigueur que le soir tout bon catholique bût autant d'ale et de vin qu'il pourrait s'en procurer, et que s'il était jeune et agile il dansât au bal ou figurât parmi les danseurs moresques dont, à Perth comme partout ailleurs, le costume était d'une forme particulière, et qui se distinguaient par l'adresse et l'activité. Toute cette gaieté avait cours sous le prévoyant prétexte que le long carême approchait avec tous ses jeûnes, toutes ses privations : il était donc sage de prendre autant de plaisir que possible, et de s'accorder toutes les indulgences imaginables avant le temps de pénitence.

Ces réjouissances accoutumées avaient eu lieu, et dans la plupart des quartiers de la ville chacun s'était livré au repos. La noblesse avait eu soin de prévenir toutes les querelles qui auraient pu survenir entre les gens armés et les citoyens de la ville. La fête s'était passée avec moins d'accidens que de coutume; on n'eut à déplorer que trois morts et quelques membres cassés, mais ces événemens arrivèrent à des gens de si peu d'importance, qu'on ne se donna pas même la peine de rechercher quelle en avait été la cause. Le carnaval se terminait donc tranquillement, quoique dans certains lieux on n'eût pas encore renoncé aux amusemens de la journée.

Une bande de danseurs qu'on avait particulièrement applaudie et remarquée, semblait vouloir prolonger ses plaisirs jusqu'au milieu de la nuit. L'*entrée*, comme on l'appelait, était composée de treize personnes habillées de la même manière, ayant des pourpoints de peau de chamois taillés, coupés et brodés d'une manière bizarre. Elles portaient des toques vertes avec des glands d'argent, des rubans rouges, des souliers blancs, de petites sonnettes attachées à leurs genoux et autour de leurs talons, et un glaive nu à la main. Cette élégante troupe avait dansé devant le roi la danse de l'épée, qui consistait dans le choc des armes et dans une suite de poses singulières; elle alla galamment offrir une seconde représentation de son adresse à la porte de Simon Glover; fit ensuite servir du vin tant pour elle que pour les spectateurs, et but avec acclamation à la santé de la Jolie Fille de Perth. Le vieux Simon parut à la porte de son habitation pour reconnaître la politesse de ses compatriotes, et à son tour fit apporter du vin en honneur des joyeux danseurs moresques de Perth.

— Nous te remercions, père Simon, dit une voix déguisée, mais qui cachait mal l'accent fanfaron d'Olivier Proudfute. Mais la vue de ta charmante fille serait plus douce à nos yeux que celle d'un tonneau de malvoisie.

— Je vous remercie aussi, voisins, répondit Glover. Ma fille n'est pas bien portante, et ne peut sortir par le froid de la nuit. Mais si ce galant, dont il me semble reconnaître la voix, veut entrer dans ma pauvre maison, elle le chargera de complimens pour le reste de la compagnie.

— Alors tu nous les apporteras à l'hôtel du Griffon, s'écrièrent les autres à leur compagnon favorisé, car c'est là où nous enterrerons le carnaval, et où nous boirons encore à la santé de la belle Catherine.

— Je suis à vous dans une demi-heure, dit Olivier; et nous verrons qui videra le plus large flacon ou chantera le plus haut. Je veux être gai pendant le reste de ce carnaval, comme si je devais avoir demain la bouche fermée pour toujours.

— Adieu donc, cria son partenaire dans le ballet moresque. Adieu, joyeux marchand de bonnets, jusqu'au plaisir de te revoir.

Les danseurs se rendirent alors à leur destination, sautant et chantant tout le long des rues accompagnés par quatre musiciens qui menaient la bande, tandis que Simon Glover introduisait leur coryphée dans sa maison, et lui offrait une chaise au coin de son feu.

— Mais où est votre fille? dit Olivier; c'est l'aimant qui nous attire nous autres braves lames.

— Réellement elle garde sa chambre, voisin Olivier, répondit Glover; et même, pour vous parler franchement, elle garde le lit.

— Eh bien, je vais aller en haut la consoler dans son chagrin. Vous m'avez détourné de mon chemin, père Glover, vous devez une amende à une bonne lame comme moi; je ne veux pas perdre en même temps et la fille et la partie d'auberge. Elle garde le lit, n'est-ce pas?

> Mon chien et moi, près de fille jolie
> Notre métier fut toujours d'accourir;
> Quand une fille est triste et veut mourir
> Mon chien et moi venons de compagnie!
>
> Si je mourais, il faut, mes bons amis,
> Sous un tonneau que du moins je repose;
> Les bras croisés, je veux qu'on m'y dépose
> Mon chien et moi, côte à côte endormis.

— Ne pouvez-vous être sérieux pour un moment, voisin Proudfute? dit Glover; je désire un moment de conversation avec vous.

— Sérieux! répondit le visiteur; j'ai été sérieux toute la journée: je pouvais à peine ouvrir la bouche sans parler de mort, d'enterrement, ou de quelque chose de semblable, les sujets les plus tristes qu'on puisse trouver.

— Par saint Jean! voisin, dit Glover, êtes-vous *fey* (1)?

— Point du tout : ce n'est point ma propre mort que ces sombres idées m'annoncent. J'ai un bon horoscope, et je vivrai cinquante ans encore. Mais c'est le sort de ce pauvre garçon, l'homme de Douglas, que j'ai renversé à la querelle de Saint-Valentin ; il est mort la nuit dernière : c'est là le poids que j'ai sur la conscience, et qui éveille en moi de tristes réflexions. Ah! père Simon, nous autres gens de guerre qui versons le sang dans notre colère, nous avons des idées noires quelquefois. J'ai souvent désiré de n'avoir coupé que des bonnets de laine.

— Et je souhaiterais, dit Simon, n'avoir jamais coupé que mes gants ; mais je me suis souvent coupé les doigts. Cependant vous pouvez vous épargner des remords ; il n'y eut qu'un homme dangereusement blessé dans cette affaire, et ce fut celui auquel Henry Smith coupa la main ; on le dit parfaitement rétabli. Son nom est Black Quentin, un des gens de sir John Ramorny. On l'a renvoyé secrètement dans son pays.

— Quoi! Black Quentin? Bon Dieu! c'est le même homme que Henry et moi, car nous sommes toujours à côté l'un de l'autre, avons frappé en même temps ; seulement mon coup tomba un peu plus tôt que le sien. Je

---

(1) Quand une personne agit ou parle d'une manière extravagante, on dit encore en Écosse qu'elle est *fey*, c'est-à-dire qu'elle est frappée d'un sort et que c'est un signe de sa mort prochaine.

Éd.

crains qu'il n'en résulte quelque trouble dans la ville, et le prévôt le craint aussi. Mais vous dites qu'il se porte bien; allons, je vais reprendre ma gaieté, et puisque vous ne voulez pas me laisser voir comment un déshabillé de nuit sied à la jolie Catherine, je vais au Griffon retrouver mes danseurs moresques.

— Restez un instant; vous êtes le compagnon de Henry du Wynd; vous lui avez souvent rendu le service de raconter ses actions, comme vous venez de le faire : je voudrais que vous puissiez le blanchir à mes yeux d'un autre tort dont on l'accuse.

— Je suis prêt à jurer par la poignée de mon épée que cette accusation est aussi fausse que l'enfer, père Simon. Quoi ! par les lames et les boucliers ! les hommes d'épée ne doivent-ils pas se soutenir entre eux ?

— Soyez calme, voisin bonnetier. Vous pouvez rendre service à l'armurier, si vous voyez juste dans cette affaire. Je vous ai choisi pour vous consulter, non pas parce que je vous considère comme la tête la plus sage de Perth, car si je le disais je ferais un mensonge.

— Bien, bien, répondit Proudfute d'un ton satisfait ; je sais ce que vous me reprochez. Vous autres têtes froides, vous pensez que nous sommes des fous nous autres têtes chaudes. Plus de vingt fois j'ai entendu appeler ainsi Henry du Wynd.

— Peu importe que vous soyez brave ou que vous ne le soyez pas, dit Glover ; mais je crois que vous êtes naturellement bon, et que vous aimez Henry. Nous sommes un peu brouillés maintenant avec lui. Vous savez qu'on a parlé de mariage entre ma fille et l'armurier.

— J'ai entendu en effet quelques contes de ce genre

depuis la Saint-Valentin. Ah! celui qui possédera la Jolie Fille de Perth sera un homme heureux. Cependant le mariage gâte les jeunes gens; moi-même je regrette quelquefois...

— Laisse là tes regrets pour le moment, dit Glover en l'interrompant un peu brusquement. Il faut que vous sachiez, Olivier, que quelques-unes des commères de la ville, qui s'occupent des affaires de tout le monde, ont accusé Henry de fréquenter des chanteuses et d'autres femmes de cette espèce. Catherine en a été blessée, et j'ai cru ma fille insultée parce que Henry ne s'est point conduit comme un Valentin devait le faire, mais avait préféré une société inconvenante, le jour même où, suivant une ancienne coutume, il aurait eu la meilleure occasion de parler de son amour à Catherine. — Aussi, lorsque le soir il vint fort tard chez moi, je lui refusai ma porte, et, comme un vieux fou, je le priai de retourner chez lui rejoindre la compagnie qu'il venait de quitter. Je ne l'ai pas revu depuis, et je commence à croire que j'ai été trop prompt à me mettre en colère. Catherine est ma fille unique, mais j'aimerais mieux la voir mourir que de la donner à un débauché. Cependant je connais Henry Gow comme mon propre fils, je ne puis penser qu'il ait voulu nous offenser, et il y a sans doute moyen d'expliquer à son avantage la faute dont on l'accuse. On m'avait conseillé de m'adresser à Dwining, qui a rencontré Smith tandis qu'il se promenait avec sa belle. Si je dois croire l'apothicaire, cette fille était la cousine de l'armurier. Vous savez que Dwining parle un langage avec ses yeux et un autre avec ses lèvres; mais toi, Olivier, tu as trop peu de malice, je veux dire trop d'honnêteté, pour altérer la vérité, et comme Dwining ajoute que tu as aussi vu cette fille......

— Que je l'ai vue, Simon Glover! Dwining dit-il que je l'ai vue?

— Non pas précisément, mais il prétend que vous lui avez raconté que vous aviez rencontré Smith ainsi accompagné.

— Il ment, et je l'écraserai dans un mortier.

— Comment! ne lui avez-vous jamais parlé de cette rencontre?

— Quand même je l'aurais fait, n'avait-il pas juré qu'il ne répéterait à aucun être vivant ce que je lui avais communiqué? Ainsi en vous racontant la chose il est donc devenu un menteur.

— Enfin vous n'avez point rencontré Henry Smith avec une fille perdue, comme on le rapporte?

— Oh! bon dieu, je n'en sais rien; peut-être oui, peut-être non. Croyez-vous qu'un homme marié depuis quatre ans puisse se ressouvenir de la tournure du talon d'une chanteuse, du bout de son pied, de la bordure de son jupon, et d'autres bagatelles semblables? Non; je laisse cela au joyeux Henry.

— La conclusion de tout cela, dit Glover perdant patience, est que vous avez rencontré Smith se promenant publiquement dans les rues...?

— Oh non, voisin; je le rencontrai dans les allées les plus sombres et les plus détournées de la ville, se dirigeant droit vers sa maison, avec armes et bagage, et les deux bras occupés comme il convient à un galant garçon, le petit chien soutenu par un et la fille par l'autre. A mon avis elle était fort jolie.

— Par saint Jean, dit Glover, cette infamie ferait renoncer un chrétien à sa foi pour adorer Mahomet dans sa colère! Mais il ne reverra plus ma fille ; j'aimerais mieux qu'elle partît pour les Highlands avec son chartreux à jambes nues que de lui voir épouser un homme qui oublie à ce point l'honneur et la décence. N'en parlons plus.

— Père Simon, dit l'indulgent bonnetier, vous ne savez plus ce que c'est que la jeunesse. Du reste leurs relations n'ont pas été de longue durée, car, pour dire la vérité, je les ai un peu surveillés : — j'ai rencontré Smith conduisant sa damoiselle errante aux escaliers de Notre-Dame, afin qu'elle s'embarquât sur le Tay; je sais encore, car je m'en suis informé, qu'elle s'est rendue à Dundee. Ainsi vous voyez que ce n'était qu'une folie de jeune homme.

— Et il vint ici, dit Simon avec amertume, rechercher l'affection de ma fille, tandis qu'une maîtresse l'attendait chez lui! J'aimerais mieux qu'il eût tué une douzaine d'hommes, faute qui serait encore moindre à tes yeux, Olivier Proudfute, car si tu n'es pas aussi brave que Smith, tu veux au moins le faire croire; mais.....

— Ne prenez pas la chose aussi sérieusement, dit Olivier qui commençait à réfléchir au tort que son bavardage pourrait faire à son ami et aux conséquences du mécontentement de Henry lorsqu'il apprendrait une indiscrétion faite plutôt par sottise que par mauvaise intention. — Considérez, ajouta-t-il, que c'est une folie qui tient à la jeunesse; l'occasion est souvent la cause de ces péchés-là, et la confession effacera tout. Je vous avouerai, quoique ma femme soit aussi bonne qu'aucune autre dans la ville, que cependant moi-même.....

— Paix, indigne fanfaron! dit le gantier dans la plus

violente colère, tes amours et tes batailles sont d'une égale fausseté. Si tu as besoin de mentir, ce qui, je crois, est dans ta nature, ne peux-tu au moins inventer quelque mensonge qui te fasse honneur? Crois-tu que je ne voie pas dans ton cœur comme je pourrais voir à travers la corne d'une vile lanterne (1)? Crois-tu que je ne sais pas, fileur de laine, que tu n'oserais pas plus passer l'entrée de ta propre porte, si ta femme avait entendu ce dont tu viens de te vanter, que tu n'oserais croiser ton fer avec un enfant de douze ans qui tirerait le sien pour la première fois de sa vie. Par saint Jean! je devrais, pour te récompenser d'augmenter le trouble d'une famille, faire connaître à ta Madeleine ce que tu viens de dire.

A cette menace le bonnetier recula, comme si le trait d'une arbalète eût sifflé à ses oreilles au moment où il s'y attendait le moins. Il répondit d'une voix tremblante: — Bon père Simon, vous prenez trop de licence pour un homme à cheveux gris; pensez donc, voisin, que vous êtes trop vieux pour vous mesurer avec un jeune guerrier comme moi. Quant à ce qui regarde Madeleine, je puis me fier à vous, car je ne connais personne qui soit moins capable de troubler la paix des familles.

— Que ta sottise ne se fie pas plus long-temps à moi, dit le gantier hors de lui; sors d'ici, à l'instant même, ou j'emprunte pendant cinq minutes les forces de ma jeunesse pour te donner une leçon.

— Vous avez peut-être un peu bu en ce jour de fête,

(1) Il existe encore pour les écuries des lanternes dans lesquelles une lame de corne transparente est substituée au verre. — Éd.

dit le bonnetier : je vous souhaite un sommeil tranquille; nous serons meilleurs amis demain.

— Sors d'ici, je te le répète encore! Je suis honteux qu'un être aussi nul que toi ait le pouvoir de me mettre en colère.

— Idiot! imbécile! mauvaise langue! ajouta Glover en se jetant sur une chaise au moment où le bonnetier disparut. Est-il possible qu'un homme qui ne fait que des mensonges n'en ait point trouvé un lorsqu'il s'agissait de cacher la honte d'un ami? Et moi,... moi, qui suis-je, puisque je souhaitais que la grossière injure que j'ai reçue ainsi que ma fille, fût excusée? Et cependant, telle était mon opinion sur Henry que j'étais prêt à croire toutes les faussetés que cet âne aurait inventées. Mais il est inutile de s'en occuper davantage. Notre nom honorable résistera à toutes les injures qu'on pourra lui faire.

Tandis que le gantier moralisait ainsi sur la confirmation mal reçue du conte que jusqu'alors il n'avait osé croire, le danseur du ballet moresque avait le temps, en traversant les rues de Perth par une nuit froide et sombre du mois de février, de méditer sur les conséquences de la colère du gantier.

— Mais ce n'était rien, se disait-il en lui-même, comparée à celle de Henry du Wind, qui avait tué un homme pour une moindre chose que celle de semer la brouille entre lui et Catherine.

— Certainement, ajoutait-il, j'aurais mieux fait de nier le tout; mais j'ai été subjugué par l'idée de paraître moi-même un vert galant, comme en effet je le suis. J'aurais mieux fait d'aller finir la fête au Griffon; mais Madeleine fera du tapage si je reviens trop tard.

Cependant c'est le dernier jour du carnaval, et je puis demander un privilège. Il me vient une bonne idée : je n'irai point au Griffon, je vais me rendre chez l'armurier; il doit être chez lui, puisque personne ne l'a vu aujourd'hui. Je tâcherai de faire ma paix avec lui, et je lui offrirai mon intercession auprès du gantier. Henry est un garçon simple et droit, et quoique je sois obligé de convenir qu'il vaut mieux que moi dans une émeute, dans une discussion je puis en faire ce que je veux. Les rues sont paisibles maintenant, la nuit est sombre, et je me cacherai facilement si je rencontre quelqu'un. Oui, je vais me rendre chez Smith, et si je le persuade je me moquerai du vieux Simon. Que saint Ringan me protège cette nuit, et j'avalerai plutôt ma langue que de me laisser exposer par elle à de nouveaux périls. Ce vieux fou-là, quand son sang était échauffé, ressemblait plutôt à un homme disposé à taillader des buffetins qu'à un découpeur de peau de chevreau.

En faisant toutes ces réflexions, Olivier marchait vite, mais avec le moins de bruit possible, et se dirigeait vers le Wynd ou ruelle dans laquelle l'armurier, ainsi que nos lecteurs le savent déjà, avait sa demeure. Mais le malheur n'avait point encore cessé de le poursuivre. Comme il tournait dans la rue principale, il entendit un bruit de musique fort près de lui ; ce bruit fut suivi de bruyantes acclamations.

— Ce sont mes compagnons, les danseurs moresques, pensa-t-il ; je reconnaîtrais le vieux joueur de violon Jérémie parmi cent autres. Je vais traverser la rue avant qu'ils ne passent : si je suis vu, on pourra croire que je suis à la recherche de quelque aventure, et cela fera honneur à ma bravoure.

Ce désir d'être distingué parmi les plus vaillans et les plus heureux en amour était combattu par quelques prudentes considérations; cependant le marchand de bonnets essaya de traverser la rue. Mais la bande joyeuse était éclairée par des torches dont la lumière découvrit Olivier; son habit, d'une couleur claire, se voyait de fort loin. Il s'éleva un cri général : — Une prise! une prise! s'écria-t-on de toute part. Ce bruit couvrit celui de la musique, et avant que le bonnetier eût le temps de se décider à rester ou à fuir, deux jeunes gens robustes, vêtus d'habits bizarres avec des masques de sauvages, et portant dans la main une énorme massue, le saisirent en s'écriant d'un ton tragique : — Rends-toi, homme aux sonnettes, rends-toi sans te défendre, ou tu es un danseur mort.

— A qui dois-je me rendre? dit le bonnetier d'une voix tremblante; car, quoiqu'il vît qu'il avait affaire à des masques qui parcouraient la ville pour leur plaisir, cependant il avait remarqué qu'ils étaient fort au-dessus de sa classe, et il ne trouvait point d'audace pour partager un jeu où l'inférieur serait sans doute sacrifié.

— Voudrais-tu parlementer, esclave? répondit un des masques, et faut-il que je te montre que tu es notre captif en te faisant donner à l'instant la bastonnade?

— En aucune manière, puissant Indien, dit le bonnetier; je ferai tout ce que vous désirerez.

— Viens ici alors, dit un de ceux qui l'avaient arrêté; viens, et rends hommage à l'empereur des Mimes, roi des Cabrioles et grand-duc des Sombres-Heures; expliquez en vertu de quels droits vous êtes assez hardi pour chanter et danser, et porter des souliers de peau dans ses domaines, sans lui payer de tribut. Ne savez-vous pas que vous avez encouru la peine de haute trahison ?

— Ce serait bien dur, je pense, répondit le pauvre Olivier, puisque je ne savais pas que Sa Grace eût ce soir les rênes du gouvernement ; mais je suis prêt à racheter ce délit, si la bourse d'un pauvre fabricant de bonnets le peut, en payant l'amende de quelques pintes de vin ou autre chose semblable.

— Conduisez-le devant l'empereur, fut la réponse universelle. Le danseur moresque fut amené devant un jeune homme mince, mais plein d'aisance et de grace ; il était magnifiquement vêtu, ayant une ceinture et une tiare de plumes de paon, qu'à cette époque on apportait des Indes comme de rares merveilles. Une courte jaquette posée sur une peau de léopard serrait sa taille ; le reste de sa personne était couvert d'une étoffe de soie couleur de chair, et donnait une idée exacte d'un prince indien ; il portait des sandales attachées avec des rubans écarlates, et tenait à la main une espèce d'éventail, comme celui dont les dames se servaient alors, et qui était composé des mêmes plumes de paon réunies en aigrette.

— Quel personnage m'amenez-vous ici ? dit le chef indien ; qui a osé attacher les sonnettes d'un danseur moresque à un âne aussi triste que celui-là ? Écoutez ici, l'ami ; votre habit vous rend un de nos sujets, puisque notre empire s'étend dans tout le monde joyeux, y compris les Mimes et les Ménestrels de tout genre. Eh quoi ! tu ne sais pas répondre ? Il a besoin de boire, administrez-lui notre coque de noix pleine de vin d'Espagne.

Une immense calebasse remplie de vin fut présentée

aux lèvres du suppliant, tandis que le prince et sa suite l'exhortaient à boire.

— Casse-moi cette noisette, et fais-le avec grace et sans grimace, dit le chef.

Olivier n'aurait pas dédaigné de boire modérément du même vin, mais il était épouvanté de la quantité qu'on exigeait qu'il avalât. Il but un coup, et demanda grace.

— Plaise à Votre Seigneurie, dit-il, j'ai encore beaucoup de chemin à parcourir, et si j'étais obligé de faire complètement honneur à votre générosité, pour laquelle je vous prie d'accepter mes remerciemens, je ne serais pas capable d'enjamber un ruisseau.

— Voyons si tu es capable au moins de te comporter comme un gaillard. Fais-moi une cabriole. Ah! une, deux, trois. Admirable! Encore. Donnez-lui de l'éperon. (Alors un satellite du chef indien toucha légèrement Olivier avec son épée.) Ah! cette cabriole vaut mieux que toutes les autres; il saute comme un chat dans une gouttière! Présentez-lui encore la coque de noix. Allons, plus de violence, il a payé pour son forfait, et mérite non-seulement sa liberté, mais une récompense. A genoux, à genoux; maintenant relevez-vous, sire chevalier de la Calebasse! Quel est ton nom? et qu'un de vous me prête une rapière.

— Olivier, plaise à Votre Honneur, je veux dire à Votre Principauté.

— Olivier, dis-tu? Non, tu es maintenant un des douze pairs, et le hasard a anticipé sur la promotion que nous avions l'intention de faire. Relève-toi, sire Olivier-tête-de-Paille, chevalier de l'ordre du Potiron. Relève-toi au nom de la Folie, et retourne, au nom du diable, à tes affaires.

En prononçant ces mots, le prince indien donna du plat de son épée un coup vigoureux sur les épaules du bonnetier, qui se retrouva sur ses pieds avec plus d'agilité qu'il n'en avait encore montré. Excité par les éclats de rire et le bruit moqueur qu'il entendait derrière lui, il arriva devant la maison de Smith sans s'être arrêté un seul instant, et avec la même rapidité qu'un renard poursuivi cherche sa tanière.

Après avoir frappé à la porte, le fabricant de bonnets pensa qu'il aurait dû réfléchir plus tôt à la manière dont il se présenterait devant Smith, et à celle qu'il devait employer pour lui communiquer l'indiscrétion qu'il avait commise. On ne répondit point à son premier appel, et peut-être au moment où toutes ces réflexions s'élevèrent dans son esprit effrayé, le bonnetier eût abandonné son dessein s'il n'eût entendu dans le lointain le bruit de la musique. Craignant de tomber une seconde fois entre les mains de ces masques brillans, auxquels il venait d'échapper, il frappa une seconde fois, et il entendit aussitôt la voix forte et cependant agréable de Henry Gow, qui répondit de l'intérieur de la maison :

— Qui frappe aussi tard? et que demande-t-on?

— C'est moi, Olivier Proudfute, dit le bonnetier ; j'ai une bonne plaisanterie à te raconter, compère Henry.

— Va porter tes folies à un autre marché, répondit Smith ; je ne veux voir personne ce soir.

— Mais, compère, bon compère, je suis environné de coquins, et je demande un refuge sous ton toit.

— Sot que tu es, répliqua Henry, le plus lâche des coqs de basse-cour qui se sont battus pendant ces fêtes dédaignerait de mesurer ses forces contre une poule mouillée comme toi.

Dans ce moment, un second bruit de musique se fit entendre. Il semblait approcher, et le fabricant de bonnets, ne pouvant déguiser ses craintes, s'écria :

— Au nom de notre ancienne amitié, et pour l'amour de Notre-Dame, Henry, accordez-moi un asile, ou demain vous trouverez à votre porte mon cadavre mutilé par les sanguinaires Douglas.

— Ce serait une honte pour moi, pensa le bon Henry, et peut-être son péril est réel. Il y a des faucons qui s'abattraient plutôt sur un moineau que sur un héron. En faisant ces réflexions moitié haut, moitié bas, Henry ouvrit sa porte bien fermée, se proposant de reconnaître la réalité du danger avant de permettre au bonnetier d'entrer chez lui. Mais tandis qu'il regardait dans la rue, Olivier s'élança dans la maison, comme un cerf effarouché s'élance dans un hallier, et il était déjà établi près de la cheminée avant que l'armurier, qui regardait de tous côtés autour de lui, pût se convaincre qu'il n'y avait aucun ennemi à la poursuite du fugitif. Il referma la porte, et revint dans la cuisine, mécontent de ce que sa profonde solitude avait été troublée, et sa bonté trompée par des craintes aussi faciles à exciter que celles de son timide voisin.

— Qu'est-ce que cela signifie? dit-il assez froidement lorsqu'il vit le bonnetier assis près de son foyer; qu'elle est cette farce de carnaval, maître Olivier? je ne vois personne à votre poursuite.

— Donnez-moi à boire, compère, répondit Olivier; je suis étouffé par la rapidité avec laquelle je suis venu ici.

— J'ai juré qu'il n'y aurait point d'orgie cette nuit dans ma maison. Je suis dans mes habits de travail, comme vous voyez. C'est pour moi un jour de jeûne, au lieu d'un jour de fête, et j'ai de bonnes raisons pour cela. Vous avez bu assez ce soir, car vous pouvez à peine parler; si vous désirez encore du vin ou de l'ale, vous pouvez aller ailleurs.

— J'ai déjà assez fait bombance en effet, dit le pauvre Olivier, et je puis ajouter que j'ai été noyé dans la boisson. Cette maudite calebasse! Une goutte d'eau, compère, c'est tout ce que je désire, et j'espère que je ne vous la demanderai pas en vain, ou, si voulez, un verre de petite bière.

— Si c'est là tout ce que vous désirez, dit Henry, vous n'en manquerez pas. Mais il faut que ce soit l'excès du vin qui vous porte à demander de l'eau.

En disant ces mots, il remplit un demi-flacon d'une barrique qui était auprès de lui, et l'offrit à son hôte; Olivier l'accepta, et le porta à ses lèvres, tremblant de l'émotion qu'il avait éprouvée; et quoique la dose fût faible, il se trouvait tellement épuisé par les fatigues, l'inquiétude, la frayeur et les débauches de la journée, qu'après avoir placé le flacon vide sur la table de chêne, il fit entendre un soupir de satisfaction et garda le silence pendant quelques minutes.

— Maintenant que vous avez bu, compère, dit l'armurier, apprenez-moi ce que vous désirez, quels sont ceux qui vous menaçaient? Je n'ai pu voir personne.

— Non, mais ils étaient au moins vingt qui me poursuivaient dans le Wynd. Cependant quand ils nous ont vus tous les deux ensemble, ils ont perdu le courage qu'ils auraient conservé si l'un de nous eût été seul.

8.

— Ne riez point, l'ami, dit l'armurier, je ne suis point en humeur de plaisanter.

— Par saint Jean de Perth! je ne plaisante point; j'ai été arrêté et outragé d'une manière dégoûtante, répondit Olivier en posant sa main sur la partie affectée, par ce fou de Robin de Rothsay, par le vagabond Ramorny et le reste de leur suite. Ils m'ont fait boire un quartaut de malvoisie.

— Vous ne savez ce que vous dites, Olivier; Ramorny est à la mort, l'apothicaire le dit partout: ce ne sont sûrement point eux qui font de semblables folies au milieu de la nuit.

— Je ne puis l'assurer, mais je puis prêter serment que j'ai reconnu les bonnets que je leur ai faits depuis le jour des Innocens. Ils sont assez singuliers, et d'ailleurs je dois reconnaître mon propre ouvrage.

— On a pu avoir des torts envers vous, reprit Henry; si vous courez un danger réel, je vais vous faire un lit ici; mais vous vous coucherez à l'instant même, car je ne suis point en humeur de causer.

— Je le désirerais de tout mon cœur, mais Madeleine se fâcherait, c'est-à-dire qu'elle ne se fâcherait pas; elle sait que cela m'inquiéterait fort peu, mais elle craindrait qu'il ne me fût arrivé quelque accident, dans une nuit aussi tumultueuse; elle connaît mon humeur, qui est impétueuse comme la tienne et toujours disposée à répondre à un mot par un coup.

— Alors retourne chez toi; qu'elle voie que son trésor est en sûreté. Maître Olivier, les rues sont tranquilles, et, pour te parler franchement, je désirerais être seul.

— Encore un moment, reprit Olivier, qui craignait

de rester et qui en même temps redoutait de partir. Il y a eu du bruit dans le conseil de la ville touchant l'affaire de la veille de Saint-Valentin. Le prévôt m'a dit, il n'y a pas quatre heures, qu'il était convenu avec les Douglas que les différends seraient décidés par un combat singulier. Notre vieille connaissance Dick le Diable renonce à sa qualité, et défend la cause de Douglas et des gentilshommes ; il est dit que vous ou moi soutiendrons la cause de la Belle Ville. Quoique je sois le plus ancien dans le conseil, cependant, par l'amitié que nous nous portons l'un à l'autre, je veux bien te céder la préséance et me contenter de l'humble office de bâtonnier (1).

Henry Smith, malgré son chagrin, ne put s'empêcher de sourire.

— Si c'est cela qui t'inquiète, lui dit-il, et te retient hors de chez toi au milieu de la nuit, je vais facilement arranger cette affaire. Tu ne perdras point l'avantage qui t'est offert. J'ai soutenu plus de vingt duels, — trop, beaucoup trop. Toi, tu n'as combattu qu'avec ton soudan de bois. — Il serait injuste, malhonnête, cruel, d'abuser ainsi de l'offre que me fait ton amitié. Ainsi rentre chez toi, brave garçon, et que la crainte de perdre cet honneur ne trouble pas ton repos. Sois assuré que tu répondras au cartel, tu en as le droit, puisque tu as été insulté par ce rude écuyer.

— Grand merci de tout mon cœur, dit Olivier embarrassé de cette déférence inattendue. Tu es un aussi

(1) *Stickler.* A cette époque ceux qui servaient de seconds dans les combats singuliers étaient appelés ainsi, parce qu'ils portaient des bâtons blancs comme un emblème des soins qu'ils devaient apporter à ce que la justice fût observée des deux côtés. — Éd

bon ami que je l'avais toujours pensé. Mais j'ai autant d'affection pour Henry Smith qu'il en a pour Olivier Proudfute. Je jure par saint Jean que je ne me battrai point à ton préjudice. Maintenant, je suis certain de ne plus céder à la tentation. Car tu ne voudrais pas me voir manquer à mon serment eussé-je vingt duels sur les bras.

— Écoute, répondit Smith: conviens que tu as peur, dis une honnête vérité une fois dans ta vie, ou bien je te laisse terminer cette querelle.

— Eh! compère, tu sais bien que je n'ai jamais peur. Mais en vérité, c'est un coquin si déterminé; et j'ai une femme, — la pauvre Madeleine, comme tu le sais, — j'ai des enfans ; et toi.....

— Et moi, interrompit Henry brusquement, je n'en ai point, je n'en aurai jamais.

— Comment? Réellement? — Puisqu'il en est ainsi, j'aimerais mieux te voir combattre que moi.

— De par Notre-Dame! compère, répondit l'armurier, on se joue facilement de toi. Apprends, sot que tu es, que sir Patrice Charteris, qui aime à rire, s'est amusé à tes dépens. Crois-tu qu'il voudrait hasarder l'honneur de la ville, et compter sur une tête comme la tienne? ou que je voudrais te céder la préséance dans une affaire de ce genre-là? Eh! bon Dieu, retourne chez toi. Que ta Madeleine fixe un bonnet de nuit bien chaud autour de ton front, fais un bon déjeuner, bois de l'eau distillée, et demain tu seras capable de combattre ton *Dromond* ou soudan de bois, comme tu l'appelles, la seule chose sur laquelle tes coups aient jamais tombé d'aplomb.

— Ah! il en est ainsi, répondit Proudfute rassuré,

mais croyant nécessaire de paraître offensé. Je me moque de ta mauvaise humeur; tu sais bien que tu ne peux jamais lasser ma patience au point de nous brouiller entièrement. C'en est assez; mais nous sommes frères d'armes; cette maison est la tienne. Les deux meilleures lames de Perth ne doivent point se mesurer ensemble. Je suis habitué à ton humeur, et j'oublie tout. Mais est-il bien vrai que les deux partis soient unis?

— Aussi complètement qu'un marteau peut fixer un clou, dit l'armurier. La ville a donné au Johnston (1) une bourse pleine d'or pour ne pas les avoir débarrassés d'un importun, appelé Olivier Proudfute, lorsqu'il l'avait en son pouvoir; cette bourse doit acheter pour le prévôt l'île de Sleepless que le roi lui accorde, car le roi paie tout à la longue. De cette manière sir Patrice obtient l'Inch (2) qui est en face de sa maison. L'honneur est à couvert des deux côtés, car vous comprenez que ce qui est donné au prévôt est donné à la ville. Ce qui vaut le mieux, c'est que les Douglas ont quitté Perth pour marcher contre les Anglais; on dit que ces derniers sont appelés sur les frontières par le perfide comte de March. Ainsi la Belle Ville est délivrée de Douglas et de sa suite.

— Mais, au nom de saint Jean! comment tout cela s'est-il fait? dit Olivier; personne n'en a parlé.

— On dit que celui dont je coupai la main est un

---

(1) Voyez au tome 1er la rencontre de Proudfute avec Dick le Diable. — Éd.

(2) Nous avons vu dans la description de Perth, au premier volume, qu'on appelait ainsi une grande prairie enclavée dans la ville. — Éd.

serviteur de sir John Ramorny et qu'il s'est sauvé dans le comté de Fife sa patrie, où sir John lui-même doit être exilé, du consentement de tout honnête homme. Mais tout ce qui regarde sir John touche aussi un personnage bien plus important. — Du moins, Simon Glover l'assura à sir Patrice Charteris. Je crois deviner la vérité, et je remercie le ciel et tous les saints de ne point avoir tué sur l'échelle celui que je fis prisonnier.

— Il faut aussi que je remercie le ciel et tous les saints, et le plus dévotement possible, dit Olivier, car j'étais près de toi comme tu sais, et....

— Ne parle plus de cela, si tu veux être prudent. Il y a des lois contre ceux qui frappent les princes; il ne faut point toucher le fer du cheval avant qu'il ne soit refroidi, mais tout est raccommodé maintenant.

— Si cela est ainsi, dit Olivier un peu embarrassé, mais plus rassuré encore par les nouvelles qu'il venait de recevoir d'une personne mieux informée que lui, j'ai raison de me plaindre de sir Patrice Charteris, qui, bien que prévôt de la ville, se joue avec l'honneur d'un honnête bourgeois.

— Je te conseille, Olivier, de l'appeler dans la lice, et il ordonnera à ses gens de lâcher ses chiens après toi. Mais la nuit avance tandis que tu bavardes ainsi.

— Je n'ai plus qu'un mot à te dire, compère. Mais donne-moi d'abord un second verre de bière.

— Que la peste t'étouffe. Je te voudrais dans un lieu où les liqueurs froides sont plus rares. Tiens, vide toi-même le baril à ta volonté.

Olivier prit un second flacon, mais il but, ou du moins sembla boire très-lentement, afin de gagner du temps et de réfléchir tout à son aise à la manière dont il devait s'y prendre pour entamer un second sujet de conversation, qui lui paraissait une matière bien délicate quand il songeait à l'humeur irritable de l'armurier. A la fin, il ne trouva rien de mieux que d'aborder tout d'un coup la question.

— J'ai vu Simon Glover aujourd'hui, dit-il.

— Eh bien! dit l'armurier d'une voix sombre et mélancolique, si tu l'as vu qu'est-ce que cela peut me faire?

— Rien, rien, répondit le bonnetier en pâlissant. Seulement je pensais que vous seriez peut-être bien aise d'apprendre qu'il m'a demandé si je vous avais vu le jour de Saint-Valentin, après l'émeute qu'il y eut aux Dominicains, et dans quelle compagnie vous étiez.

— Je gagerais que vous lui avez répondu que vous m'avez rencontré avec une chanteuse dans la sombre allée qui est là-bas.

— Tu sais bien, Henry, que je n'ai point le don de mentir; mais j'ai arrangé cette affaire avec lui.

— Et comment, je vous prie?

— Eh, bon Dieu! voici. Père Simon, ai-je dit, vous êtes un vieillard, et vous ne savez pas que dans les veines de la jeunesse le sang est comme du vif-argent. Vous pensez, j'en suis sûr, ai-je dit, qu'il se soucie de cette fille, et que maintenant il la tient cachée dans quelque coin de Perth? Point du tout, ai-je dit; je sais, et j'en ferais serment, qu'elle a quitté sa maison et qu'elle est partie pour Dundee le lendemain matin. Ah! je t'ai joliment aidé dans cette circonstance critique.

— En vérité, je le pense aussi, et si quelque chose peut ajouter à mon chagrin et à l'humeur que j'éprouve en ce moment, c'est de voir un âne comme toi placer son lourd sabot sur ma tête pour m'enfoncer plus profondément dans la vase, lorsque je n'étais qu'à demi noyé. Sors d'ici, et puisses-tu avoir le sort que ton bavardage mérite : alors on te trouvera bientôt le cou tordu dans le premier ruisseau. — Sors, te dis-je, ou je te mets à la porte par les épaules.

— Ah ! ah ! s'écria Olivier en s'efforçant de rire, tu le prends ainsi. — Mais, compère Henry, accompagne-moi jusqu'à ma maison dans le Meal Vennal (1), cela te distraira.

— Malédiction sur toi, non !

— Je t'offrirai du vin en abondance si tu veux venir, dit Olivier.

— Je te donnerai des coups de bâton si tu restes, répondit Henry.

— Eh bien, je pars ; je vais revêtir ton buffetin et ton casque d'acier, marcher avec ton pas bruyant, et siffler ton pibroch favori, « Les os cassés à Loncarty ; » si l'on me prend pour toi, quatre hommes réunis n'oseront m'approcher.

— Prends tout ce que tu voudras, au nom du diable ! mais débarrasse-moi de ta présence.

— Bien, bien, Henry ; nous nous reverrons quand tu seras de meilleure humeur, dit Olivier en s'habillant.

— Pars, et puissé-je ne jamais revoir ton sot visage.

Olivier sortit enfin, imitant aussi bien que cela lui était possible le pas hardi et le maintien ouvert de son redoutable compagnon, et sifflant un pibroch composé sur la déroute des Danois à Loncarty, qu'il avait appris parce que c'était un air favori de l'armurier, qu'il se

(1) Le marché à la farine. — Éd.

faisait une règle d'imiter en tout. Mais lorsque l'honnête Olivier, assez bon homme malgré sa vanité ridicule, quittait le Wynd pour entrer dans High-Street, il reçut un coup par derrière au défaut du casque, et tomba mort sur la place ; il essaya de murmurer le nom de Henry, auquel il s'adressait toujours pour obtenir protection, mais ce nom s'arrêta sur ses lèvres mourantes.

CHAPITRE XVII.

> Oh ! je vous en ferai voir long pour un jeune prince.
>
> SHAKSPEARE. *Henri IV*, partie 1.

Nous retournons maintenant à la bande joyeuse qui, une demi-heure auparavant, avait applaudi d'une manière si bruyante les exploits d'agilité qui devaient être les derniers du pauvre fabricant de bonnets, et dont les cris moqueurs avaient animé la course d'Olivier lorsqu'il se réfugia chez son ami. Après avoir ri à gorge déployée, les jeunes acteurs de cette scène continuèrent leur folle promenade, arrêtant et effrayant tous ceux qui se trouvaient sur leur chemin, mais, il faut l'avouer, sans les injurier d'une manière trop grossière, soit dans leur personne, soit dans leurs sentimens. Enfin fatigué de cette orgie, le chef ordonna à tous ses joyeux compagnons de se réunir autour de lui.

— Mes braves et sages conseillers, dit-il, nous, roi de tout ce qui vaut la peine d'être prisé en Écosse, nous oublions les heures qui s'écoulent, lorsque la coupe circule, lorsque la beauté s'attendrit, lorsque la folie s'éveille, et que la raison dort sur son grabat. Nous laissons à notre vice-régent le roi Robert la tâche ennuyeuse de retenir sous son pouvoir des nobles ambitieux, de satisfaire l'avidité du clergé, de subjuguer de sauvages montagnards et d'apaiser les querelles sanglantes. Et puisque notre empire est celui de la joie et des plaisirs, il est à propos que nous réunissions toutes nos forces pour secourir ceux de nos sujets qui par une malheureuse destinée deviennent prisonniers des soucis et de la maladie. Je veux parler principalement de sir John que le vulgaire appelle Ramorny. Nous ne l'avons point vu depuis le tumulte de Curfew-Street. Et quoique nous sachions qu'il a tant soit peu souffert dans cette affaire, nous ne pouvons concevoir pour quelle raison il n'est point venu rendre hommage, comme un sujet loyal et soumis. — Venez ici, notre héraut d'armes de la Calebasse ; avez-vous légalement invité sir John à prendre part à la fête ?

— Je l'ai fait, milord.

— Et lui avez-vous fait connaître que pour cette nuit nous suspendions sa sentence d'exil ? Car si de plus hauts pouvoirs ont arrangé cette affaire, nous pouvons nous donner la liberté de prendre un joyeux congé de notre vieil ami.

— C'est ainsi que je me suis expliqué, milord, répondit le comique héraut d'armes.

— Il n'a point envoyé un mot d'écrit, lui qui se pique d'être un si grand clerc ?

— Il était couché, milord, et je ne l'ai point vu. J'ai entendu dire qu'il vivait très-retiré, tant à cause des contusions qu'il avait reçues que par le chagrin qu'il éprouvait de sa disgrace. Il redoutait d'être insulté dans les rues, car ce fut avec peine qu'il se tira des mains des bourgeois lorsqu'il fut poursuivi par ces vilains, ainsi que deux de ses serviteurs, jusque dans le couvent des dominicains. Ses domestiques mêmes ont été envoyés dans le comté de Fife dans la crainte qu'ils ne fussent indiscrets.

— C'est sagement fait, dit le prince, qui (et nous n'avons pas besoin d'en informer le lecteur intelligent) avait un meilleur titre pour être appelé ainsi que celui qu'il empruntait aux plaisirs de la soirée. Il agit prudemment en écartant les indiscrets. Mais l'absence de sir John dans cette fête solennelle, décrétée depuis si longtemps, est une mutinerie et une renonciation à l'obéissance. Ou, si le chevalier est réellement le prisonnier de l'indisposition et de la mélancolie, nous devons le favoriser d'une visite, croyant qu'il n'y a point de meilleur remède pour de semblables maladies que notre présence et un doux baiser de la Calebasse. — En avant, écuyers, musiciens, gardes et courtisans ! Montrez le grand emblème de notre dignité. — Élevez la calebasse, vous dis-je ! et que ceux qui se chargeront de porter les quartauts destinés à remplir notre coupe soient choisis parmi les plus sobres. Le fardeau est lourd et précieux, et si notre vue n'est pas trouble ils nous semblent pencher et vaciller plus que nous ne le désirerions. Maintenant partons, sires, et que nos musiciens nous jouent leurs airs les plus gais et les plus bruyans.

Ils se mirent en route, à moitié ivres et de joie et de vin; les nombreuses torches reflétaient leurs rouges lumières sur les petites fenêtres et les rues étroites où des hommes en bonnet de nuit, et même quelquefois leurs femmes, regardaient en cachette pour découvrir quels étaient les turbulens qui troublaient la tranquillité publique à une heure si avancée. Enfin la bande joyeuse s'arrêta devant la maison de sir John Ramorny, qui n'était séparée de la rue que par une petite cour.

Ils frappèrent avec violence, et menacèrent de leur vengeance celui qui refusait d'ouvrir la grille, en parlant de l'emprisonner dans un muid vide, dans le Massamore ou cachot du palais féodal du prince de Passe-temps, c'est-à-dire dans le cellier à l'ale. Mais Eviot, le page de Ramorny, entendait le bruit, et connaissait bien ceux qui frappaient avec tant de hardiesse. Considérant la position dans laquelle se trouvait son maître, il jugea plus prudent de ne faire aucune réponse, espérant que ces jeunes fous passeraient leur chemin, et sachant dans tous les cas qu'il serait inutile d'essayer de leur faire changer de dessein. La chambre de son maître donnant sur un petit jardin, le page supposait qu'il ne serait point éveillé par le bruit. Il se fiait à la force de la porte extérieure, et il résolut de les laisser frapper jusqu'à ce qu'ils fussent fatigués eux-mêmes, ou jusqu'au moment où leur ivresse serait passée. Les jeunes débauchés paraissaient en effet devoir bientôt être épuisés par le bruit et les efforts qu'ils faisaient en frappant à la porte, lorsque leur prince supposé, ou plutôt celui qui n'était malheureusement que trop leur maître, les déclara de tristes et paresseux adorateurs du dieu du vin et de la gaieté.

— Apportez-nous notre clef qui est là-bas, dit-il, et appliquez-la à cette porte rebelle.

La clef qu'il montrait du doigt était une large solive qu'on avait laissée au milieu de la rue, avec la négligence qui régnait à cette époque dans toutes les villes d'Écosse.

Les chasseurs indiens la saisirent à l'instant, la soulevèrent avec leurs forces réunies, et la lancèrent contre la porte avec une telle violence, que les verroux et les gonds menaçaient de céder, lorsque Eviot, qui ne voulut point attendre la fin de ce siège, descendit dans la cour, et après avoir fait quelques questions pour la forme, ordonna au portier d'ouvrir, comme s'il ne faisait que de reconnaître les visiteurs de nuit.

— Esclave d'un maître infidèle, dit le prince, où est notre déloyal sujet sir John Ramorny, qui n'a point obéi à nos ordres ?

— Milord, répondit Eviot s'inclinant devant la dignité réelle et supposée du chef, mon maître est dans ce moment-ci très-souffrant ; il a pris un soporifique. Votre Grace voudra bien m'excuser si je remplis mon devoir en disant que personne ne peut entrer dans la chambre de mon maître sans un grand danger pour sa vie.

— Ne me parle point de danger, maître Teviot, Cheviot, Eviot.... Comment t'appelle-t-on ? Mais introduis-moi dans la chambre de ton maître, ou plutôt ouvre-moi la porte de son appartement, et j'irai bien le trouver moi-même. — Élevez plus haut la calebasse, mes braves serviteurs, et prenez garde de répandre une seule goutte de cette liqueur que Bacchus nous envoya pour guérir toutes les maladies du corps et les soucis de l'esprit. Avancez, dis-je, et laissez-nous voir le vase béni qui contient ce précieux liquide.

Le prince entra dans la maison, dont il connaissait l'intérieur; il monta en courant, suivi par Eviot, qui recommandait en vain le silence, et s'élança avec toute sa suite dans la chambre du blessé.

Celui qui, par expérience, connaît le sommeil qui s'empare des sens après une forte dose d'opium et en dépit des plus horribles douleurs; celui dont le réveil, dans cet état d'insensibilité, fut causé par le bruit et la violence, est capable d'imaginer l'alarme et le trouble de sir John Ramorny et ses souffrances physiques, qui agissaient et réagissaient les unes sur les autres. Si nous ajoutons à ces sensations la conscience de l'ordre criminel qu'il avait donné, et qui probablement devait être exécuté, nous pouvons nous faire une idée d'un réveil auquel le sommeil éternel eût été préférable. Le gémissement que Ramorny fit entendre, au premier sentiment de la douleur qui revenait l'accabler, eut quelque chose de si horrible que les jeunes débauchés eux-mêmes gardèrent pendant quelques minutes le silence. Sans changer la position qu'il avait eue sur son lit pendant son sommeil, le malade regarda d'un air sombre autour de la chambre, remplie de figures fantastiques, et, n'ayant point encore recouvré ses esprits, il se dit à lui-même.

— Il en est ainsi, après tout, et la légende est vraie ! Voilà les démons, et je suis condamné pour jamais ! Le feu n'est point apparent, mais je le sens, je le sens dans mon cœur, qui brûle comme s'il était consumé par la fournaise sept fois chauffée.

Tandis qu'il jetait des regards pleins d'horreur autour de lui et qu'il s'efforçait de recouvrer ses esprits, Eviot s'approcha du prince, et, tombant à genoux, lui demanda en grace d'ordonner à sa suite de quitter l'appartement.

— Cette scène, dit-il, peut donner la mort à mon maître.

— Ne crains rien, dit le duc de Rothsay; fût-il aux portes de la mort, il y a ici quelque chose qui pourrait forcer les démons à relâcher leur proie. Approchez la calebasse.

— Il est perdu s'il y touche, dit Eviot; s'il boit du vin c'est un homme mort!

— Quelqu'un doit boire pour lui, répondit le prince, et ton maître sera guéri par procuration; notre puissant dieu Bacchus rendra au malade la tranquillité de cœur, lubréfiera ses poumons, lui donnera la légèreté d'imagination, qui sont ses plus beaux attributs; tandis que le fidèle serviteur qui boira à sa place aura les nausées, le malaise, l'irritation des nerfs, la tristesse du regard, les palpitations du cerveau, et autres incommodités auxquelles la nature est sujette, et sans lesquelles nous serions trop semblables aux dieux. Qu'en dites-vous, Eviot? Voulez-vous être le serviteur fidèle, et boire comme le représentant de votre seigneur? — Faites-le, et nous quitterons cette chambre, car il me semble que les regards de notre sujet ont quelque chose d'effrayant.

— Je ferai tout ce qui est en mon pouvoir pour sauver mon maître, dit Eviot, et pour épargner à Votre Grace le remords d'avoir causé sa perte. Mais il y a ici quelqu'un qui s'acquittera de cet exploit avec une bonne volonté, et qui remerciera Votre Altesse par-dessus le marché.

— Mais quel est cet homme? Un boucher, et qui revient fraîchement de l'ouvrage. Les bouchers jouent-ils un rôle le mardi-gras? Fi! quelle odeur de sang!

Le prince parlait de Bonthron, qui, surpris du bruit qu'il entendait dans la maison, où il avait espéré rentrer au milieu des ténèbres et du silence, et rendu stupide par la quantité de vin qu'il avait bu, s'était arrêté sur le seuil de la porte, et regardait la scène qui était devant ses yeux avec son buffetin taché de sang, et une hache sanglante à la main, offrant un horrible spectacle aux jeunes débauchés, qui éprouvaient, sans pouvoir s'en rendre compte, autant de frayeur que de dégoût.

Au moment où on approcha la calebasse de son odieuse figure, et lorsqu'il tendit sa main souillée pour la saisir, le prince s'écria :

— Qu'il descende! Que le misérable ne boive point en notre présence; qu'on lui trouve un autre vase que notre digne calebasse, l'emblème de nos folies. Une auge à cochon serait ce qu'il y a de plus convenable pour lui, si on pouvait s'en procurer une. Qu'il sorte, et qu'il soit noyé dans le vin en punition de la sobriété de son maître. Laissez-moi seul avec sir John Ramorny et son page. Sur mon honneur! ses regards sont effrayans.

La suite du prince quitta l'appartement, et Eviot seul resta.

— Je crains, dit le prince en s'approchant du lit avec des manières bien différentes de celles qu'il avait eues jusqu'alors; je crains, mon cher sir John, que cette visite ne soit point reçue avec plaisir; mais c'est votre faute. Vous connaissez nos vieux usages; vous deviez être acteur dans les réjouissances de cette soirée, et vous n'êtes pas venu nous voir depuis le jour de Saint-Valentin. C'est aujourd'hui le mardi-gras, et cette désertion est une désobéissance, une trahison envers notre royaume de joie et les statuts de la Calebasse.

Ramorny leva la tête, et fixa sur le prince des yeux égarés; ensuite il fit signe à Eviot de lui apporter à boire. Le page lui présenta une grande tasse de tisane, et le malade y posa ses lèvres tremblantes avec précipitation. Pendant quelques instans il fit un fréquent usage de l'essence stimulante laissée à dessein par l'apothicaire, et parut recouvrer ses sens.

— Laissez-moi tâter votre pouls, cher Ramorny, dit le prince; je sais quelque chose de ce métier-là. Comment! vous m'offrez la main gauche, sir John? C'est blesser en même temps les lois de la médecine et celles de la politesse.

— La droite a rempli sa dernière tâche au service de Votre Altesse, murmura le malade d'une voix basse et agitée.

— Que voulez-vous dire? reprit le prince; je sais que votre serviteur Black Quentin a perdu une main; mais il peut voler avec l'autre autant qu'il en faut pour être pendu; ainsi il n'y a rien de bien changé dans sa destinée.

— Ce n'est point cet homme qui a perdu sa main au service de Votre Grace; c'est moi John de Ramorny.

— Vous! dit le prince; c'est une plaisanterie, ou bien vous n'avez point encore recouvré votre raison.

— Si le suc de tous les pavots d'Égypte était exprimé

dans une coupe, il perdrait son influence sur moi lorsque je contemple ce spectacle, reprit Ramorny; et au même instant il tira son bras droit de dessous les couvertures de son lit et l'étendit vers le prince, enveloppé dans des appareils. — Si ces linges étaient enlevés, ajouta-t-il, vous verriez qu'un tronc sanglant est tout ce qui reste d'une main naguère toujours prête à tirer l'épée au moindre signal de Votre Altesse.

Le duc de Rothsay recula d'horreur. — Nous en tirerons vengeance, dit-il.

— Je suis déjà vengé en partie; car il me semble que j'ai vu Bonthron il y a quelques minutes, ou bien sa figure infernale aurait-elle paru au milieu des démons, dans ce rêve affreux qui tourmentait mon esprit au moment où je me suis éveillé. Eviot, appelle ce mécréant. Qu'il vienne, s'il est capable de se soutenir.

Eviot sortit, et revint au bout d'un instant avec Bonthron, qu'il venait de sauver de la punition d'une seconde calebasse pleine de vin, ce misérable ayant avalé la première sans qu'on pût apercevoir une grande altération dans son maintien.

— Eviot, dit le prince, que cette brute ne m'approche pas. Mon ame semble reculer devant lui de crainte et de dégoût; il y a quelque chose dans ses regards qui n'appartient point à la nature humaine, je frissonne devant lui comme devant un odieux serpent qu'un pressentiment m'avertirait de redouter.

— Écoutez-le, milord, répondit Ramorny; à moins qu'une outre de vin ne parlât, qui pourrait employer moins de mots dans une conversation? Avez-vous eu affaire à lui, Bonthron?

Le misérable éleva la hache qu'il tenait encore à la

main, et la baissa en montrant le côté du tranchant.

— Bien; comment avez-vous reconnu votre homme? On dit que la nuit est sombre.

— Par ses vêtemens, sa tournure et sa voix.

— C'est assez, sors! Eviot, qu'il ait de l'or et du vin pour apaiser sa soif brutale. Sors, te dis-je! Eviot suivez-le.

— Et quelle destinée est accomplie? dit le prince, soulagé des sentimens d'horreur et de dégoût qu'il avait éprouvés en présence de l'assassin. J'espère que ce n'est qu'un jeu, ou bien je serais obligé d'avouer que c'est une action épouvantable. Quel est le malheureux qui a été livré à cet horrible boucher?

— Un homme qui valait seulement un peu mieux que lui, répondit le malade, un misérable artisan, auquel néanmoins le sort avait donné la puissance de réduire Ramorny à l'état d'un estropié. Que la malédiction accompagne son vil esprit! Sa mort n'est à ma vengeance qu'une goutte d'eau dans une fournaise. Je vais être bref, car mes idées se troublent de nouveau; c'est la nécessité qui les retient ensemble, comme une courroie contient une poignée de flèches. — Votre vie est en danger, milord; j'en parle avec certitude. Vous avez bravé Douglas, offensé votre oncle, mécontenté votre père; mais cette dernière chose ne serait qu'une bagatelle sans les deux premières.

— Je suis fâché d'avoir mécontenté mon père, dit le prince (entièrement distrait d'un événement aussi insignifiant que le meurtre d'un artisan par les sujets plus importans dont il était question); mais si je vis, le pouvoir de Douglas sera renversé et la politique d'Albany ne lui sera d'aucun secours.

— *Si, si*, milord! répondit Ramorny; avec de semblables adversaires, il ne faut point se fier à des *si*, à des *mais*. Il faut vous décider tout d'un coup à détruire ou à être détruit.

— Que voulez-vous dire, Ramorny? Votre fièvre vous donne le délire.

— Non, milord. Ma rage fût-elle au plus haut degré, les pensées qui occupent maintenant mon esprit la justifieraient. Il se peut que le regret d'un malheur irréparable me rende désespéré, et que les craintes que je conçois pour Votre Altesse m'aient fait concevoir de hardis desseins. Mais j'ai tout le jugement que le ciel m'a donné lorsque je vous dis que si vous désirez jamais porter la couronne d'Écosse, plus encore, si vous désirez jamais voir un autre jour de Saint-Valentin, il faut...

— Que dois-je faire, Ramorny? dit le prince avec dignité; rien d'indigne de moi, je suppose?

— Non, rien en effet d'indigne d'un prince d'Écosse, si les annales sanglantes de notre patrie nous apprennent la vérité; mais ce qui peut effrayer sans doute le prince des mimes et des bouffons.

— Vous êtes sévère, sir John Ramorny, dit le duc de Rothsay d'un air mécontent; mais vous avez acheté chèrement le droit de nous censurer, par la perte que vous avez faite dans notre cause.

— Milord de Rothsay, le chirurgien qui soigne ce bras mutilé m'a dit que plus je ressentais la douleur que ses instrumens occasionent, plus la chance de guérison était probable. Je n'hésiterai donc pas à blesser votre délicatesse, si je puis par ce moyen vous amener à entreprendre ce qui est nécessaire à votre sûreté.

Votre Grace fut trop long-temps le fils de la joie et de la folie; il faut montrer maintenant la prudence d'un homme, ou vous laisser écraser comme un papillon parmi les fleurs sur lesquelles vous folâtrez.

— Je devine le but de votre morale, sir John; vous êtes las des douces erreurs que les hommes d'église appellent vices; vous aspirez à des crimes plus sérieux. Un assassinat ou un massacre rehausserait la saveur de la débauche, comme le goût des olives relève celle du vin. Pour moi, mes plus coupables actions ne sont que de joyeuses folies; je n'ai aucun goût pour le sang, et j'abhorre le crime; je ne puis ni le voir, ni en supporter le récit, eût-il été commis sur le plus chétif des esclaves. Si jamais je monte sur le trône, on verra les jeunes Écossais un flacon sous un bras, et l'autre passé autour de la taille de leurs maîtresses. Les hommes seront conduits par les caresses et les verres pleins, non par les poignards et les chaînes; on écrira sur ma tombe : « Ici repose Robert, le quatrième du nom; il ne gagna point de batailles comme Robert Ier; de comte il ne devint pas roi, comme Robert II; il ne fonda point d'églises, comme Robert III : toute son ambition fut de vivre et de mourir roi des joyeux garçons. » Dans mes deux générations d'ancêtres, il n'y a qu'une seule gloire que j'envie, celle de...

Coul le bon vieux roi,
Qui de Bacchus suivit toujours la loi.

— Mon gracieux seigneur, dit Ramorny, laissez-moi vous rappeler que vos joyeuses débauches occasionent de grands maux; si j'avais perdu cette main en combattant pour obtenir en faveur de Votre Grace quelque important avantage sur vos deux puissans ennemis, ce malheur eût été moins pénible. Mais pour une folle entreprise être réduit à porter le béguin et les jupons, quand on a revêtu le casque et la cotte de mailles !

— Eh bien, encore ! sir John, répondit le prince imprudent ; comment pouvez-vous avoir le cœur de me mettre sans cesse votre main sanglante sous les yeux, comme le fantôme de Gask-Hall jetait sa tête à sir William Wallace (1). Vous êtes plus déraisonnable que ne l'était Fawdyon lui-même ; car Wallace lui avait coupé la tête dans un moment de colère, au lieu que moi je donnerais tout pour vous rendre la main que vous avez perdue. Puisque cela ne peut pas être, je t'en ferai avoir une autre à la place, semblable à la main d'acier du vieux chevalier de Carselogie, avec laquelle il pouvait saluer ses amis, caresser le menton de sa femme, braver ses antagonistes et faire ce qui peut être fait par une main de chair et de sang. Soyez certain, John Ramorny, que nous avons en nous bien des choses superflues : l'homme pourrait voir avec un œil, entendre avec une oreille, toucher avec une main, sentir avec une narine ; et pourquoi aurions-nous ces choses là dou-

(1) Le prince fait allusion à une tradition que le ménestrel Harry l'Aveugle a conservée dans son poëme de Wallace. Le champion de l'Écosse avait tué le chevalier Fawdyon qu'il soupçonnait de le trahir : un jour qu'il était dans le vieux château de Gask-Hall avec quelques compagnons, Fawdyon se montra tout à coup à lui avec sa tête à la main, et la lui jeta au visage. Cette apparition surnaturelle fit trembler un moment Wallace lui-même.

C'est au même poëme du ménestrel aveugle (chant 9e) que sir Walter Scott a emprunté la légende du RED REIFFAR (Red Rover) ce corsaire rouge, l'ancêtre du prévôt de Perth, que Wallace vainquit et fit prisonnier en se rendant en France.

bles (si ce n'est pour que l'une supplée à l'autre au besoin)? Je ne le conçois pas.

Sir John détourna ses yeux du prince en laissant entendre un sourd gémissement.

— En vérité, Ramorny, dit le duc, je parle sérieusement; vous connaissez la légende de la main d'acier de Carselogie mieux que moi, puisque ce seigneur était votre voisin. Dans son temps une si curieuse machine ne pouvait être faite qu'à Rome; mais je parierais cent marcs d'argent avec vous que si l'armurier de Perth, Henry du Wynd, l'avait pour modèle, il en fabriquerait une aussi parfaite imitation que le meilleur armurier de Rome, ce dernier fît-il même bénir son ouvrage par tous les cardinaux d'Italie.

— Je pourrais hasarder d'accepter votre gageure, milord, répondit Ramorny avec amertume; mais ce n'est plus le temps de la folie : vous m'avez congédié de votre service d'après les ordres de votre oncle.

— D'après les ordres de mon père, répondit le prince.

— Sur lequel votre oncle a le pouvoir le plus absolu, reprit Ramorny. Je suis un homme disgracié, jeté à l'écart comme un être inutile et semblable au gant vide de ma main droite. Cependant ma tête pourrait vous aider encore, quoique ma main soit perdue. Votre Grace est-elle disposée à écouter un mot d'une importance réelle? car je suis épuisé, et je sens que mes forces m'abandonnent.

— Parle, dit le prince; ta blessure m'ordonne de t'entendre, ton bras sanglant me poursuit comme un spectre qui m'adresserait des reproches. Parle, mais par pitié n'abuse point de ce privilège.

— Je serai bref dans mes discours, pour mon propre compte autant que pour le vôtre; j'ai peu de chose à dire. Douglas s'est mis à la tête de ses vassaux; il assemble au nom du roi trente mille habitans des frontières, qu'il conduira bientôt dans l'intérieur du royaume pour exiger que le duc de Rothsay reçoive ou du moins rétablisse sa fille dans ses droits de duchesse et d'épouse. — Le roi Robert souscrira à toutes les conditions qui assureront la paix. — Que fera le duc de Rothsay?

— Le duc de Rothsay aime la paix, dit le prince avec hauteur, mais il ne craindra jamais la guerre; et avant qu'il rétablisse à sa table et dans son lit l'orgueilleuse Marjory, pour obéir aux ordres de son père, Douglas sera roi d'Écosse.

— Que cela soit ainsi. — Mais c'est le péril le moins pressant, car Douglas ne travaille point en secret, il menace ouvertement.

— Quel est donc cet important secret qui nous tient éveillés à cette heure indue? Je suis fatigué, vous êtes blessé, et les flambeaux même semblent s'éteindre comme las de notre conférence.

— Dites-moi donc quel est celui qui gouverne le royaume d'Écosse? demanda Ramorny.

— Robert troisième du nom, dit le prince en ôtant sa toque au moment où il prononçait ces mots; et puisse-t-il long-temps porter le sceptre!

— Cela est vrai, amen, répondit Ramorny. Mais qui gouverne le roi Robert, et qui dicte toutes les mesures que le bon roi est obligé de prendre?

—Milord Albany, avez-vous l'intention de dire, reprit le prince. Oui, c'est la vérité, mon père se laisse presque entièrement guider par les conseils de son frère; au fond de notre conscience, Ramorny, nous ne pouvons le blâmer, il est si peu aidé par son fils.

— Aidons-le maintenant, milord, dit Ramorny. — Je suis dépositaire d'un horrible secret; Albany m'a proposé de me joindre à lui pour attenter aux jours de Votre Altesse. Il me promet un pardon sans réserve pour le présent, une haute faveur dans l'avenir.

— Attenter à mes jours? — Je pense que vous voulez dire me ravir mon royaume? Ce serait une horrible impiété! C'est le frère de mon père. Ils se sont assis l'un et l'autre sur les genoux du même père; ils ont reposé sur le sein de la même mère. — Tais-toi, malheureux! Quelles folies on peut faire croire à un malade!

— Croire! en effet, dit Ramorny, c'est une chose nouvelle pour moi que d'être appelé crédule. Mais l'homme dont Albany s'est servi pour être l'interprète de ses tentations est un de ceux que chacun comprendra aussitôt qu'il parlera de crimes. — Les médecines même préparées par ses mains ont un goût de poison.

— Fi! un pareil homme calomnierait un saint. Vous êtes dupe pour cette fois, Ramorny; il est sûr que vous l'êtes. Mon oncle d'Albany est ambitieux, et voudrait assurer à lui et à sa maison plus de pouvoir et de biens qu'il ne devrait raisonnablement en désirer. Mais supposer qu'il voudrait assassiner ou détrôner le fils de son frère! Ah! Ramorny, ne me faites point citer le vieil adage, que — celui qui fait le mal craint le mal. — Vos soupçons vous égarent, et vous ne pouvez rien avoir appris de semblable.

— Votre Grace s'abuse d'une manière fatale; mais je vais achever ce que j'avais à vous dire. Le duc d'Albany

est généralement détesté pour son avidité et son avarice.
— Votre Altesse, il est vrai, est plus aimée que...

Ramorny se tut, et le prince reprit avec calme : — Plus aimée que respectée ; c'est ce que je désire, Ramorny.

— C'est-à-dire, répondit Ramorny, que vous êtes plus aimé que craint, et ce n'est point une position sûre pour un prince. Mais engagez-moi votre honneur et votre parole de chevalier que vous approuverez tout ce que j'entreprendrai en votre faveur ; prêtez-moi votre sceau pour rassembler des amis en votre nom, et le duc d'Albany perdra son autorité sur cette cour pour ne la recouvrer que lorsque la main qui était jointe autrefois à ce bras mutilé y reprendra sa place pour obéir encore à l'impulsion de ma volonté.

— Vous ne voudriez point hasarder de plonger votre poignard dans le sang royal ? demanda le prince d'un air sombre.

— Non, milord ; dans aucun cas le sang n'a besoin d'être versé ; la vie peut s'éteindre d'elle-même. La lumière qui n'est point alimentée par l'huile ou qui n'est point abritée contre le souffle du vent, tremblera dans la lampe et finira pas s'éteindre. Laisser un homme mourir, ce n'est point le tuer.

— Cela est vrai ; j'avais oublié cette politique. Eh bien ! supposons alors que mon oncle d'Albany ne continue point à vivre (il me semble que c'est cela que vous voulez dire), qui gouvernera la cour d'Écosse ?

— Robert III, du consentement, de l'avis, de l'autorité du haut et puissant seigneur Robert duc de Rothsay, lieutenant du royaume et l'*alter ego* du monarque ; en la faveur duquel le bon roi, las des fatigues et des chagrins de la royauté, sera, j'en suis sûr, disposé à abdiquer. Ainsi, vive notre jeune monarque le roi Robert IV!

Ille, manu fortis,
Anglis ludet in hortis (1).

— Et notre père et prédécesseur, dit Rothsay, continuera-t-il à vivre pour prier pour nous comme notre chapelain, et, à ce titre, obtiendra-t-il la faveur de ne point poser sa tête grise dans le cercueil plus tôt que la nature ne l'ordonnera? ou bien aura-t-il à supporter aussi quelques-unes de ces négligences en raison desquelles les hommes discontinuent de vivre? et changera-t-il les limites d'une prison ou d'un couvent, ce qui est à peu près la même chose, pour cette froide et tranquille demeure où les prêtres nous disent que les méchans cessent de faire le mal, et où ceux qui sont fatigués se reposent?

— Vous ne parlez pas sérieusement, milord, répondit Ramorny; attenter à la vie du vieux et bon roi serait un acte aussi dénaturé qu'impolitique.

— Pourquoi, répondit le prince avec un sombre mécontentement, reculer lorsque tout ton plan est une leçon de crimes contre nature mêlés d'une ambition peu clairvoyante? Si le roi d'Écosse peut à peine tenir tête à la noblesse maintenant qu'il leur oppose une bannière honorable et sans tache, qui voudrait suivre un prince souillé de la mort d'un oncle et de l'emprisonnement d'un père? Une telle politique révolterait

(1) Ce prince valeureux ira jouer dans les jardins de l'Angleterre.
Éd.

un divan de païens, pour ne rien dire d'un conseil de chrétiens. — Tu étais mon mentor, Ramorny, et peut-être je pourrais avec justice m'appuyer de tes leçons et de tes exemples dans la plupart des folies que les hommes m'ont reprochées. Peut-être sans toi je ne serais point ici, au milieu de la nuit, sous ce déguisement de la folie (et le prince regarda ses vêtemens), à écouter un libertin ambitieux qui me propose d'assassiner un oncle et de détrôner le meilleur des pères. Puisque c'est ma faute autant que la tienne si je suis plongé dans cet abîme, il serait injuste que tu en souffrisses seul. Mais ne renouvelle pas ces odieuses propositions au péril de ta vie! ou je te dénonce à mon père, au duc d'Albany, à l'Écosse entière! Chaque croix qui se trouve dans les marchés des différentes villes aura un morceau du cadavre du traître qui osa conseiller de pareilles horreurs à l'héritier de la couronne d'Écosse! J'espère pour ton honneur que la fièvre de ta blessure et l'influence enivrante du cordial qui agit sur ton cerveau malade a opéré cette nuit sur toi au-delà des bornes ordinaires.

— En vérité, milord, répondit Ramorny, si j'ai dit quelque chose qui ait pu aussi profondément offenser Votre Altesse, la cause en est un excès de zèle mêlé à la faiblesse présente de mon esprit. De tous les hommes je suis le moins capable de proposer des projets ambitieux avec l'intention d'en retirer pour moi quelque avantage. Hélas! tous mes vœux maintenant doivent se borner à changer la lance et la selle contre un bréviaire et un confessionnal. Le couvent de Lindores recevra le pauvre estropié chevalier de Ramorny, qui dans ce lieu paisible aura tout le loisir de méditer sur ce texte :

« Ne mettez point votre confiance dans les princes. »

— C'est un sage dessein, répondit le duc de Rothsay, et nous ne manquerons point de le favoriser. Notre séparation, je l'espérais, n'eût été que pour un temps; maintenant elle doit être éternelle. Après la conversation que nous avons eue ensemble, il est convenable que nous vivions séparés. Mais le couvent de Lindores, ou n'importe quelle autre retraite qui vous recevra, sera richement doté et hautement protégé par nous. — Adieu, sir John de Ramorny; dormez, dormez, et oubliez cette conversation de mauvais présage, où peut-être la fièvre de votre côté et l'ivresse du mien se mêlaient à notre conférence. — Eviot, reconduisez-moi.

Eviot appela les gens du prince, qui s'étaient endormis sur l'escalier et dans le vestibule, fatigués des débauches de la soirée.

— Y a-t-il quelqu'un parmi vous qui ne soit point ivre? dit le duc de Rothsay dégoûté à la vue de ses courtisans.

— Personne! personne! s'écria-t-on de toutes parts. Aucun de nous n'est traître à l'empereur de la joie.

— Êtes-vous tous devenus des brutes? demanda le prince.

— Pour obéir à Votre Grace et pour l'imiter, répondit un jeune homme de la suite; ou si vous nous avez laissés en arrière, une goutte de la calebasse suffira pour.....

— Paix! dit le duc de Rothsay avec hauteur; je demande s'il n'y a personne ici qui ne soit point ivre?

— Oui, mon noble maître, lui répondit-on; il y a ici un faux frère, Watkins l'Anglais.

— Viens ici, Watkins, et prends une torche pour m'éclairer. Donne-moi un manteau, un autre bonnet; emporte toute cette friperie. En disant ces mots il jeta par terre sa couronne de fleurs, et ajouta : — Que ne puis-je ainsi me débarrasser de mes folies! — Wat l'Anglais, tu me serviras seul; et vous autres mettez un terme à vos sottises, quittez vos habits de masques : le carnaval est fini et le carême a commencé.

— Notre monarque abdique cette nuit plus tôt qu'à l'ordinaire, dit un des personnages de cette comédie; mais le prince ne donna aucun encouragement à cette plaisanterie, et la troupe ivre essaya, autant qu'il lui était possible, de prendre l'apparence de ces personnes décentes qui ayant été surprises lorsque leur tête était un peu animée par le vin, essaient de cacher cet état par une double dose de raideur dans le maintien et dans les manières. Pendant ce temps le prince, ayant changé promptement ses habits, fut éclairé jusqu'à la porte par le seul homme de la bande qui ne fût point ivre. En continuant son chemin il trébucha sur le corps endormi du sanguinaire Bonthron.

— Eh bien! dit-il avec colère et dégoût, cette vile brute est encore une fois sur notre chemin? Ici, quelqu'un de vous; jetez-moi ce coquin dans l'auge des chevaux, et qu'il devienne propre pour la première fois de sa vie.

Tandis qu'on exécutait cet ordre au moyen d'une fontaine qui se trouvait dans une cour intérieure, et que Bonthron essuyait une punition à laquelle il lui était impossible de résister autrement que par des gémissemens inarticulés et par des murmures qui ressemblaient aux plaintes d'un sanglier mourant, le prince se rendait dans ses appartemens, situés dans un bâtiment appelé le Logement du Connétable, cette maison appartenant aux comtes d'Errol (1). Pendant la route, pour distraire son esprit de ses tristes pensées, le prince demanda à son compagnon comment il se faisait qu'il n'était point ivre, tandis que le reste de la société avait fait un si grand abus de liqueurs.

— Plaise à Votre Grace, répondit Wat l'Anglais, je vous avoue que c'est mon habitude ordinaire toutes les fois qu'il plaît à Votre Grace que sa suite s'enivre. Sous votre respect, ils sont tous Écossais, excepté moi; et je pense qu'il ne serait pas prudent de m'enivrer dans leur compagnie. Ils peuvent à peine me supporter quand nous sommes tous de sang-froid; si je me joignais à eux, je pourrais pendant mon ivresse leur faire quelques contes qui leur déplairaient, et en être payé par autant de coups de poignard qu'il y aurait d'hommes dans la compagnie.

— Ainsi c'est votre projet de ne jamais vous joindre à aucune des débauches qui se font dans notre maison?

— Oui, à moins qu'il ne plaise à Votre Grace que le reste de ses gens passe un jour sans s'enivrer, afin de permettre à Will Watkins de boire sans craindre pour sa vie.

— Cela peut arriver un jour. Où servez-vous, Watkins?

— Dans les écuries, plaise à Votre Grace.

— Notre chambellan te recevra dans notre maison comme Yeoman du guet (2). J'aime ton service. C'est

---

(1) Encore aujourd'hui connétable héréditaire d'Écosse. — Éd.
(2) Soldat du guet. — Éd.

quelque chose que d'avoir un garçon sobre dans une maison, quoique sa sobriété ne soit que la crainte de la mort. Tu serviras près de notre personne, et tu trouveras que ta frugalité est une heureuse vertu.

Dans le même temps un nouveau fardeau de soucis et de craintes se joignait aux souffrances de sir John Ramorny. Son esprit déjà troublé par l'opium tomba dans une grande confusion lorsque le prince, devant lequel il avait réuni tous ses efforts pour en cacher les effets, eut quitté l'appartement. Son jugement, qu'il avait parfaitement possédé pendant l'entrevue, l'abandonna tout-à-fait. Il songeait confusément qu'il venait de courir un grand danger, que le prince était devenu son ennemi, et qu'il lui avait confié involontairement un secret qui pourrait lui coûter la vie. Dans cette situation d'esprit et de corps, il n'est point étonnant que ses rêves fussent effrayans, ou plutôt qu'à son esprit malade apparût cette espèce de fantasmagorie qui est souvent excitée par l'usage fréquent de l'opium. Il crut voir l'ombre de la reine Annabella debout près de son lit, lui demandant le jeune homme simple, vertueux, innocent, qu'elle avait confié à ses soins.

— Tu l'as rendu inconsidéré, dissolu et vicieux, lui disait l'ombre pâle de sa souveraine. Cependant je te remercie, John de Ramorny, ingrat envers moi, parjure à ta parole, traître à ton pays. Ta haine remédiera au mal que ton amitié a fait, et j'espère, maintenant que tu n'es plus sa créature, qu'une amère pénitence sur cette terre achètera pour mon malheureux fils le pardon d'un meilleur monde.

Ramorny étendit les bras vers sa bienfaitrice, et

voulut exprimer sa contrition et ses regrets; mais l'apparition devint de plus en plus terne, et bientôt, au lieu des formes de la reine, elle lui offrit la figure hautaine et sombre de Douglas-le-Noir. — Il vit ensuite le visage doux et mélancolique du roi Robert, qui semblait déplorer la ruine prochaine de la maison royale. Enfin cette apparition se changea tout à coup en un groupe de figures fantastiques, quelques-unes hideuses, d'autres grotesques. Il se peignait souvent sur leurs visages des grimaces horribles, et leurs lèvres faisaient entendre un babil fatigant. Elles s'enlaçaient entre elles sous des formes extravagantes et ridicules, et semblaient se jouer des efforts que faisait Ramorny pour obtenir une idée exacte de leurs traits.

CHAPITRE XVIII.

Le mercredi des Cendres, l'aurore se leva pâle et glacée, comme c'est l'ordinaire en Écosse, où la rigueur de la saison se fait sentir presque toujours dans les premiers mois du printemps. C'était un jour de forte gelée, et les bourgeois de Perth cherchaient à réparer par un long sommeil les suites des débauches et des excès de la veille. Il y avait une heure que le soleil avait paru sur l'horizon, sans qu'aucun habitant de la ville eût donné signe de vie, et ce ne fut que quelque temps après la pointe du jour qu'un citoyen matinal, en allant à la messe, vit le corps du malheureux Olivier Proudfute, étendu, la face contre terre, au milieu du ruisseau, dans la même position où il était tombé sous les coups, comme le lecteur le présume aisément, d'Antony Bonthron, l'enfant du baudrier, — c'est-à-dire l'exécuteur des volontés de John Ramorny.

Le vigilant citoyen était Allan Griffon, ainsi nommé parce qu'il était maître de l'auberge du Griffon, et le cri d'alarme qu'il poussa eut bientôt rassemblé d'abord les voisins réveillés en sursaut, et successivement un grand nombre d'habitans. Dans le premier moment, à la vue du justaucorps de buffle et de la plume cramoisie sur ce casque si bien connu, le bruit se répandit que c'était le brave Smith qui avait été assassiné. Cette fausse rumeur se soutint quelque temps, car l'hôte du Griffon, qui lui-même avait été magistrat, ne voulut pas permettre qu'on touchât au corps avant l'arrivée du bailli Craigdallie, de sorte que la figure ne fut pas vue.

— Voilà qui intéresse la belle ville, mes amis, dit-il; et si c'est le brave Smith que nous voyons ici, il n'y a pas dans Perth un homme qui ne soit prêt à risquer sa vie et sa fortune pour le venger. Regardez! les scélérats l'ont frappé par derrière, car on ne trouverait pas un homme à dix milles de Perth, noble ou roturier, de la plaine ou des montagnes, qui eût osé l'attaquer en face! O mes bons compatriotes! la fleur de vos braves a été moissonnée, et c'est par une main lâche et perfide!

Un cri de fureur frénétique partit du milieu de la foule, qui grossissait de plus en plus.

— Nous le prendrons sur nos épaules, dit un gros boucher; nous le porterons jusqu'en présence du roi au couvent des Dominicains.

— Oui, oui, répondit un forgeron, ni portes ni barrières ne nous empêcheront de voir le roi; ni moines ni messes ne nous feront reculer. Jamais meilleur armurier ne frappa du marteau sur l'enclume.

— Aux Dominicains! aux Dominicains! cria le peuple assemblé.

— Écoutez, bourgeois, dit un autre citoyen, notre roi est un bon roi, et il nous aime comme ses enfans. Ce sont les Douglas et le duc d'Albany qui ne veulent pas que le bon roi Robert entende les doléances de son peuple.

— Faut-il que nous nous laissions massacrer dans nos propres rues, parce que le roi a un bon cœur ? s'écria le boucher. Le grand Bruce agissait autrement. Si le roi ne veut pas nous garder, nous nous garderons bien nous-mêmes. Sonnez les cloches à rebours, sonnez jusqu'à la dernière cloche qui est faite de métal. Sonnez et ne ménagez rien, — la chasse de Saint-Johnstoun est commencée.

— Oui, s'écria un autre citoyen, courons à la maison d'Albany, à celles des Douglas, et réduisons-les en cendres. Que la lueur de l'incendie apprenne partout que Perth a su venger son brave Henry Gow ? Il s'est battu vingt fois pour l'honneur de la belle ville; sachons nous battre une fois pour le venger. Holà ! ho ! braves citoyens, — la chasse de Saint-Johnstoun est commencée !

Le cri de ralliement bien connu des habitans de Perth, et qu'on n'entendait presque jamais que dans des momens de tumulte général, fut répété de bouche en bouche, et un ou deux clochers voisins, dont les citoyens furieux s'emparèrent, soit du consentement des prêtres, soit malgré eux, commencèrent à faire entendre le signal d'alarme, dans lequel, comme l'ordre régulier du carillon ordinaire n'était pas observé, on disait que les cloches étaient sonnées *à rebours*.

Mais quoique la foule augmentât et que les clameurs devinssent de plus en plus violentes, Allan Griffon, gros homme qui avait une voix retentissante, et qui était respecté des grands comme des petits, n'en resta pas moins ferme à son poste, un pied posé sur le cadavre, et criant à la foule de se tenir en arrière et d'attendre l'arrivée des magistrats.

— Il faut procéder avec ordre dans cette affaire, mes maîtres ; il faut que nous ayons nos magistrats à notre tête. Ils sont bien et duement élus dans notre Hôtel-de-Ville ; ce sont de braves gens, sur lesquels on peut compter. Nous ne voulons pas qu'on nous traite de séditieux et de perturbateurs de la paix du roi. Mais faites place et tenez-vous tranquilles ; car voici le bailli Craigdallie qui vient avec l'honnête Simon Glover, celui à qui la Belle Ville doit tout. Hélas ! hélas ! mes dignes compatriotes ! sa fille était une heureuse fiancée hier soir, ce matin la Jolie Fille de Perth est veuve avant d'avoir été femme !

Ce nouveau sujet de pitié ne fit qu'accroître la rage et la fureur de la foule, d'autant plus que beaucoup de femmes s'en mêlaient alors, et que d'une voix énergique elles répétèrent aux hommes le cri d'alarme.

— Oui ! oui ! la chasse de Saint-Johnstoun est commencée ! En avant, tous tant que vous êtes, pour la Jolie Fille de Perth et pour le brave Henry Gow ! En avant ! Ne soyez pas avares de vos coups ! Aux écuries ! aux écuries ! Lorsque le cheval est parti, l'homme d'armes n'est plus bon à rien ! Expédiez les valets et les domestiques ! Blessez ! estropiez, massacrez les chevaux ! tuez les vils écuyers et les pages ! Que ces fiers chevaliers nous attaquent pied à pied, s'ils l'osent !

— Ils ne l'oseront pas ! ils ne l'oseront pas, répondirent les hommes ; leur force est dans leurs chevaux et dans leurs armures ; et cependant ces coquins ingrats ont tué un homme qui, comme armurier, n'avait point son pareil, ni à Milan ni à Venise. — Aux armes ! aux armes! braves concitoyens! — la chasse de Saint-John-stoun est commencée !

Au milieu de ces clameurs, les magistrats et les habitans les plus notables parvinrent avec peine à se faire jour pour examiner le cadavre, ayant avec eux le greffier de la ville, à l'effet de dresser un acte officiel, ou, comme on l'appelle encore, une reconnaissance de l'état dans lequel il se trouvait. La foule se soumit à ces délais avec une patience et une docilité qui formaient le trait distinctif du caractère d'un peuple dont le ressentiment a toujours été d'autant plus dangereux, que, sans se relâcher en rien de ses projets de vengeance il sait supporter avec un calme parfait tous les délais qui sont nécessaires pour en assurer l'exécution. La populace reçut donc ses magistrats avec de grands cris de joie, au milieu desquels se manifestait le désir de la vengeance, et en même temps avec une déférence respectueuse pour les protecteurs à l'aide desquels ils comptaient l'obtenir par des voies légales et régulières.

Tandis que ces acclamations résonnaient encore au-dessus de la foule qui remplissait alors toutes les rues adjacentes, et qui recevait et propageait continuellement mille bruits divers, les magistrats faisant relever le corps pour l'examiner de plus près, reconnurent à l'instant et annoncèrent aussitôt que ce n'était pas le cadavre de l'armurier Henry Gow, si généralement et, d'après les qualités les plus estimées alors, si justement aimé, mais celui d'un homme d'une réputation beaucoup moins grande, quoiqu'il ne fût pas non plus sans son mérite dans la société, le joyeux bonnetier, Olivier Proudfute. Le ressentiment du peuple s'était tellement concentré sur l'idée que son brave et intrépide défenseur, Henry Gow, était la victime, que la réfutation de ce bruit suffit pour calmer la fureur générale, tandis que, si le pauvre Olivier eût été reconnu dans le premier moment, il est probable que le cri de vengeance serait parti de toutes les bouches pour lui comme pour Henry Wynd. L'annonce de cette nouvelle inattendue excita même d'abord un sourire parmi le peuple, tant le ridicule est voisin du terrible.

— Les assassins l'ont pris sans doute pour Henry Smith, dit Griffon, ce qui doit avoir été pour lui une grande consolation dans cette circonstance.

Mais l'arrivée d'autres personnages rendit bientôt à cette scène tout son caractère tragique.

CHAPITRE XIX.

―――

« Qui diable sonne les cloches? la ville va se soulever... »
SHAKSPEARE. *Othello.*

Le bruit effrayant qu'on entendait dans la ville, et auquel se joignit bientôt le son du tocsin, fit naître une consternation générale. Les nobles et les chevaliers se rassemblèrent avec leur suite dans différens lieux de rendez-vous, choisissant les endroits où ils pourraient le mieux se fortifier. L'alarme se répandit jusqu'aux portes de la résidence royale, où le jeune prince fut un des premiers à paraître pour défendre, s'il le fallait, le vieux roi. Il se rappelait la scène dont il avait été témoin la nuit précédente; il voyait encore les traces de sang dont Bonthron était couvert, et il avait un soupçon vague que l'action qu'il avait commise avait quelque rapport avec ce tumulte. L'entretien plus intéressant qu'il avait eu ensuite avec sir John Ramorny avait cependant fait une impression trop profonde sur son esprit pour ne pas en effacer ce qu'il avait appris indistinctement de l'acte sanglant commis par l'assassin, quoiqu'il eût un souvenir confus que quelqu'un avait été tué. C'était surtout pour son père qu'il avait pris les armes avec les officiers de sa maison, qui, revêtus de brillantes armures, et portant des lances à la main, avaient alors un aspect bien différent de celui de la veille, lorsqu'on eût pu les prendre pour autant de satyres dans l'ivresse. Le bon vieux roi fut touché de cette marque d'attachement de son fils, et versant des larmes d'attendrissement il le présenta avec orgueil à son frère Albany, qui entra bientôt après, et les prenant l'un et l'autre par la main :

— Nous voilà trois Robins Stewarts, leur dit-il, inséparables comme le saint trèfle ; et de même qu'on dit que celui qui porte cette herbe sacrée brave les déceptions de la magie, ainsi, tant que nous nous serons fidèles l'un à l'autre, nous pouvons braver la haine et la méchanceté.

Le frère et le fils baisèrent la main affectueuse qui pressait la leur, pendant que Robert III exprimait la confiance qu'il mettait dans leur affection. Le baiser du jeune homme était alors sincère ; celui du frère était le baiser perfide de Judas.

Pendant ce temps, la cloche de l'église de Saint-Jean alarmait les habitants de Curfew-Street comme les autres. Dans la maison de Simon Glover, la vieille Dorothée

Glover, comme on l'appelait (car elle empruntait aussi son nom du métier qu'elle pratiquait sous les auspices de son maître), fut la première à l'entendre. Quoique un peu sourde dans les occasions ordinaires, lorsqu'il s'agissait d'une mauvaise nouvelle son oreille était aussi prompte à la saisir qu'un milan à fondre sur sa proie; car Dorothée, qui du reste était une bonne créature, fidèle et même affectionnée, avait, pour recueillir et pour répéter les bruits sinistres, une espèce de passion qu'on remarque souvent dans les gens du peuple : peu accoutumés à être écoutés, ils aiment l'attention que le récit d'un événement tragique assure à celui qui le fait, et trouvent peut-être une sorte de jouissance dans l'égalité à laquelle le malheur réduit momentanément ceux qui sont regardés ordinairement comme leurs supérieurs. Dorothée n'eut pas plus tôt fait une petite provision des bruits qui circulaient dans la ville, qu'elle entra précipitamment dans la chambre de son maître, qui avait profité du privilège de l'âge et de la fête pour dormir plus long-temps qu'à l'ordinaire.

— Le voilà étendu bien tranquillement dans son lit, le cher homme! dit Dorothée d'un ton moitié criard, moitié plaintif; le voilà! son meilleur ami a été assassiné, et il ne s'en doute pas plus que l'enfant qui vient de naître ne sait distinguer la vie de la mort.

— Hem! qu'y a-t-il? dit Glover en sautant à bas de son lit; qu'est-ce, vieille femme? comment va ma fille?

— Vieille femme! dit Dorothée, qui, tenant son poisson au bout de l'hameçon, aimait à le laisser jouer un peu ; je ne suis pas assez vieille, s'écria-t-elle en sortant précipitamment de la chambre, pour voir sortir un homme de son lit. Et l'instant d'après on l'entendit dans le parloir, chantant mélodieusement en poussant son balai.

— Dorothée! vieille femme! démon! Dites-moi seulement comment va ma fille?

— Très-bien, mon père, répondit la Jolie Fille de Perth dans sa chambre à coucher; parfaitement bien. Mais, bon Dieu! que se passe-t-il donc? les cloches sonnent à *rebours*, et l'on entend des cris affreux dans les rues.

— Je vais le savoir tout à l'heure. Hé! Conachar, venez vite attacher mes lacets... J'oubliais que le butor est bien plus loin que Fortingall. Patience, ma fille, tout à l'heure je vous apporterai des nouvelles.

— Vous n'avez pas besoin de vous presser pour cela, dit la vieille femme opiniâtre; on peut tout vous conter d'un bout à l'autre avant que vous ayez pu vous traîner jusqu'à la porte; j'ai appris toute l'histoire en sortant; car, me disais-je, notre maître veut tellement en faire à sa tête, qu'il va falloir qu'il coure à la bagarre, quelle qu'en soit la cause; par ainsi, c'est à moi de remuer les jambes, et d'aller apprendre ce que tout cela veut dire : autrement il voudra aller fourrer son nez là dedans, et il se fera pincer sans savoir seulement pourquoi.

— Eh bien! que se passe-t-il donc, vieille femme? dit l'impatient Glover toujours occupé à nouer les cent lacets qui servaient à attacher son pourpoint à sa culotte.

Dorothée le laissa continuer sa besogne jusqu'à ce qu'elle pût croire qu'il avait à peu près fini. Alors, prévoyant que, si elle ne lui disait pas elle-même le secret, son maître sortirait pour aller savoir la cause de tout ce bruit, elle lui cria de loin : — Eh bien! eh bien! vous ne pourrez pas dire que c'est ma faute si vous apprenez une mauvaise nouvelle avant d'avoir été à la messe. J'aurais voulu ne vous le dire qu'après que vous auriez entendu la parole du prêtre; mais, puisqu'il faut que vous le sachiez, vous avez perdu, voyez-vous, l'ami le plus fidèle qui ait jamais donné la main à un autre, et Perth a perdu le plus brave citoyen qui ait jamais manié une lame.

— Henry Smith! Henry Smith! s'écrièrent à la fois le père et la fille.

— Ah! vous y voilà à la fin, dit Dorothée, et à qui la faute si ce n'est à vous? Vous avez fait tant de tapage sur ce qu'il avait accompagné une femme de joie, comme s'il eût fréquenté une juive!

Dorothée en aurait dit beaucoup plus long; mais son maître cria à sa fille, qui était encore dans sa chambre : — C'est un conte, Catherine; ce n'est que du radotage de vieille folle. Rien de semblable n'est arrivé, je vais venir vous dire la vérité dans un moment. — Et, saisissant sa canne, le vieillard passa précipitamment devant Dorothée, et sortit dans la rue où les flots du peuple se portaient vers High-Street. Pendant ce temps Dorothée continua à murmurer entre ses dents : — Oui, va, ton père a une bonne tête; fie-toi à lui. Il va revenir bientôt avec quelque bonne balafre qu'il aura reçue dans la bagarre; et alors, ce sera : — Dorothée, apporte de la charpie; et, — Dorothée, prépare un emplâtre : mais à présent Dorothée n'est qu'une vieille fille radoteuse qui ne sait ce qu'elle dit, et qui invente des contes. Des contes! Est-ce que le vieux Simon croit que la tête de Henry Smith était aussi dure que son enclume? et avec cela, que tout un clan de Highlanders était à ses trousses!

Dans ce moment elle fut interrompue par l'arrivée d'un être d'un aspect angélique, dont l'œil fixe, les joues pâles, les cheveux en désordre et l'air d'égarement effrayèrent la bonne femme, et lui firent oublier son humeur.

— Notre-Dame bénisse mon enfant! dit-elle; d'où vient donc l'état où je vous vois?

— N'avez-vous pas dit que quelqu'un était mort? demanda Catherine d'une voix à peine articulée et d'un air incertain, comme si ses yeux et son oreille ne la servaient qu'imparfaitement.

— Oui, oui, mort et bien mort! Nous ne le verrons plus nous jeter de sombres regards.

— Mort! répéta Catherine avec une sorte de distraction effrayante, mort!... Assassiné... et par des Highlanders?

— Sans doute, par des Highlanders, les infames brigands! Et quels autres tuent presque tout le monde, si ce n'est par-ci par-là, lorsque les bourgeois se prennent de querelle et se tuent l'un l'autre, ou bien encore lorsque les nobles et les chevaliers sont à ferrailler? mais je parierais que ce sont les Highlanders cette fois-ci, car il n'y a pas un homme à Perth, laird ou paysan, qui eût osé attaquer Henry Smith face à face. Il y a eu de terribles machinations contre lui, allez! C'est ce que vous verrez quand on examinera la chose.

— Les Highlanders! répéta Catherine comme si elle était poursuivie par quelque idée qui troublait ses sens.

— Highlanders! O Conachar! Conachar!

— Oui, oui, et j'ose dire que vous avez mis le doigt sur l'homme, Catherine. Ils se sont querellés, comme vous l'avez vu, la veille de Saint-Valentin, et ils se sont battus. Un Highlander a la mémoire longue pour ces sortes de choses. Donnez-lui un soufflet à la Saint-Martin, et sa joue lui démangera encore à la Pentecôte. Mais qui a pu engager ces maudits montagnards à descendre dans la ville pour y faire leur coup?

— Hélas! c'est moi, dit Catherine; c'est moi qui ai fait descendre les Highlanders de leurs montagnes, moi qui envoyai chercher Conachar... Oui, ils se seront mis en embuscade; mais c'est moi qui les ai amenés à portée de leur proie,... il faut que je voie de mes propres yeux... Et ensuite... Je sais ce que je ferai : dites à mon père que je serai de retour dans un instant.

— Avez-vous perdu la tête, mon enfant? cria Dorothée au moment où Catherine s'élançait vers la porte. Vous ne voudriez pas aller courir la ville avec vos cheveux qui tombent sur vos joues, vous qui êtes connue pour la Jolie Fille de Perth. Bah! la voilà déjà dans la rue; arrive ce qui pourra : et le vieux Glover va faire un joli train, comme si je pouvais la retenir bon gré mal gré. Voilà une belle matinée pour un mercredi des Cendres!... Que faire?... Aller chercher mon maître pour me faire écraser sous leurs pieds, sans que personne plaigne beaucoup la vieille femme?... Courir après Catherine, qui est déjà bien loin d'ici, et qui a de bien meilleures jambes que les miennes? Non, le mieux est de me rendre chez Nicol Barber, et de lui conter tout cela.

Pendant que la prudente Dorothée exécutait cette judicieuse résolution, Catherine courait dans les rues de Perth d'une manière qui, en tout autre moment, aurait attiré sur elle l'attention de tous ceux qui la voyaient précipiter ses pas avec une impétuosité irréfléchie, bien différente de sa démarche ordinairement si calme et si modeste, et sans le plaid, l'écharpe ou le manteau que — les femmes de bien, — d'une réputation intacte et d'un certain rang, ne manquaient jamais de prendre toutes les fois qu'elles sortaient. Mais, occupé comme on l'était, les uns à demander, les autres à dire la cause du tumulte, chacun la racontant à sa manière, le désordre de sa toilette et son air effaré ne frappèrent personne, et elle put continuer librement la route qu'elle avait prise, sans être plus remarquée que les autres femmes, qui, attirées par la curiosité ou poussées par la terreur, étaient sorties pour s'informer du motif d'une alarme si générale, et peut-être bien pour chercher des amis à la sûreté desquels elles s'intéressaient.

En passant dans les rues, Catherine éprouva l'influence irrésistible de la scène d'agitation qui l'entourait, et elle eut peine à ne point répéter les cris de lamentation et d'alarme qui retentissaient à ses côtés. Elle courait toujours, tourmentée, comme une personne qui rêve, d'un sentiment vague de malheur terrible, dont elle ne pouvait définir la nature, mais d'où sortait l'affreuse conviction que l'homme qui l'aimait si tendrement, dont elle estimait tant les bonnes qualités, et qu'elle sentait alors lui être plus cher qu'elle n'eût voulu peut-être auparavant se l'avouer à elle-même, avait été assassiné, et que très-probablement elle en était la cause. Le rapport que, dans le premier moment de son extrême agitation, elle avait trouvé entre la mort supposée de Henry et la descente de Conachar et de ses compagnons, était en effet assez vraisemblable pour avoir dû la frapper, quand même sa raison lui eût permis de l'examiner froidement. Sans savoir ce qu'elle cherchait, sans autre idée qu'un vague désir d'acquérir l'affreuse certitude de son malheur, elle se précipita vers le quartier de la ville que, de tous les autres, le souvenir de ce qui s'était passé la veille aurait dû lui faire le plus soigneusement éviter.

Qui aurait pu croire, le mardi soir, que Catherine Glover, elle qui était si fière, si timide, si réservée, si rigide sur les convenances; que cette même Catherine, le mercredi des Cendres, avant l'heure de la messe, courrait à travers les rues de Perth, au milieu du bruit et de la confusion, les cheveux flottans, les vêtemens en désordre, pour chercher la maison de ce même amant qui, comme elle avait raison de le croire, l'avait si bassement trahie, si grossièrement outragée en se livrant à de viles et brutales amours! Cependant c'était ce qui arrivait. Suivant comme par instinct la route qui était la plus libre, elle évita High-Street, où la foule se pressait, et prit les ruelles étroites qui bordaient la ville du côté du nord, et à travers lesquelles Henry Smith avait escorté Louise précédemment. Mais ces ruelles même, comparativement désertes, étaient alors remplies de passans, tant l'alarme était générale. Cependant Catherine Glover se glissa rapidement à travers la foule, tandis que ceux qui l'observaient se regardaient l'un l'autre, et secouaient la tête d'un air de compassion pour son infortune. Enfin, sans savoir précisément ce qu'elle voulait faire, elle arriva devant la porte de son amant, et frappa à coups redoublés.

Le silence qui succéda au bruit qu'elle venait de faire redoubla les alarmes qui lui avaient fait prendre cette mesure désespérée.

— Ouvrez! ouvrez, Henry! s'écria-t-elle. Ouvrez, si vous vivez encore! Ouvrez, si vous ne voulez pas voir Catherine Glover expirer à votre porte!

Comme elle poussait ces cris frénétiques, destinés à des oreilles qu'elle croyait que la mort avait fermées pour jamais, l'amant qu'elle appelait ouvrit lui-même la porte, juste à temps pour l'empêcher de tomber contre terre. L'excès de sa joie, dans une circonstance si inattendue, ne put être égalée que par la surprise qui l'empêchait d'en croire ses yeux, et par l'inquiétude qui le saisit en voyant les yeux fermés, les lèvres décolorées et entr'ouvertes, la pâleur effrayante et l'état d'insensibilité complète de Catherine.

Malgré les cris d'alarme qui depuis long-temps avaient retenti jusqu'à ses oreilles, Henry était resté chez lui, bien résolu de ne se mettre d'aucune querelle qu'il pourrait éviter; et ce n'était que pour obéir à un ordre des magistrats, auquel, comme citoyen, il était obligé de se rendre, que, prenant son épée et son bouclier suspendus à la muraille, il était sur le point de sortir, pour accomplir le service auquel il était astreint.

— Il est dur, se disait-il, d'être mis en avant dans toutes les bagarres de la ville, lorsque les bagarres sont une chose que Catherine déteste tant. Il y a tant de filles de Perth qui disent à leurs galans : — Va, fais bravement ton devoir, et mérite les bonnes graces de ta maîtresse. — Que n'envoient-ils chercher ceux-là, et que ne me laissent-ils tranquille, moi qui ne puis remplir ni les devoirs d'un homme en protégeant une femme de joie, ni ceux d'un citoyen qui combat pour l'honneur de sa ville, sans que cette mijaurée de Catherine me traite comme si j'étais un tapageur et un libertin.

Telles étaient les pensées qui l'occupaient, lorsqu'en ouvrant sa porte pour sortir, la personne la plus chère à son cœur, mais celle sans contredit qu'il s'attendait le moins à trouver, s'offrit inopinément à sa vue, et tomba sans connaissance entre ses bras.

La joie, la surprise, l'inquiétude, qui l'agitaient en même temps, ne lui ôtèrent pas la présence d'esprit qui lui était nécessaire dans cette occasion. Il fallait placer Catherine Glover en lieu sûr, et chercher à la tirer de son évanouissement, avant qu'il pût songer à se rendre à l'appel des magistrats, quelque hâte qu'on lui eût recommandé de faire. Il porta son divin fardeau, qui lui parut aussi léger qu'une plume, et qui pourtant était plus précieux à ses yeux que le même poids de l'or le plus pur, dans une petite chambre à coucher qui avait été celle de sa mère : elle convenait parfaitement à une personne souffrante, parce que, donnant sur le jardin, elle était éloignée du bruit et du tumulte.

— Hé! nourrice! nourrice Shoolbred! venez vite, venez morte ou vivante ; il y a ici quelqu'un qui a besoin de vos secours.

La bonne vieille accourut tout en marmottant : — Si cette personne-là pouvait l'empêcher d'aller se fourrer dans cette bagarre ! Mais quel fut son étonnement lorsqu'elle vit étendue sur le lit de sa défunte maîtresse, et soutenue par le bras vigoureux de son cher enfant, la Jolie Fille de Perth, dont les traits semblaient couverts du voile de la mort. — Catherine Glover! s'écria-t-elle; et, sainte Mère de Dieu, dans quel état! elle est morte, à ce qu'on dirait.

— Non, non, ma bonne, dit Henry, le tendre cœur bat encore; la respiration va et revient. Allons, mets-toi à ma place, tu sauras t'y prendre plus doucement que moi; apporte de l'eau, des essences, tout ce que ta vieille expérience pourra inventer. Le ciel ne l'a pas conduite dans mes bras pour mourir, mais afin qu'elle vive pour elle et pour moi.

Avec une activité qu'on n'eût pas attendue de son âge, la nourrice Shoolbred alla chercher ce qui était nécessaire pour faire revenir d'un évanouissement; car elle était parfaitement au fait de ce qu'il fallait en pareil cas. Ses connaissances même allaient plus loin, et elle savait fort bien guérir les blessures ordinaires, talent que l'humeur guerrière de son cher Henry lui donnait assez souvent occasion d'exercer.

— Allons, allons, mon fils, dit-elle; ôtez vos bras d'autour de mon malade, quoique je conçoive sans peine le plaisir que vous avez à les y laisser, et préparez-vous à me donner ce dont j'aurai besoin. Allons, je veux bien ne pas exiger que vous quittiez sa main, à condition que vous frapperez légèrement sur la paume, à mesure que les doigts se desserreront.

— Moi frapper dans sa main si jolie, si délicate, avec mes doigts durs comme la corne! dit Henry; autant vaudrait me dire de frapper sur du verre avec un marteau d'enclume. Mais, laissez-moi faire, nous trouverons un meilleur moyen. Et il appliqua ses lèvres sur la jolie main dont le mouvement annonçait un retour de connaissance; un ou deux profonds soupirs succédèrent, et la Jolie Fille de Perth ouvrit les yeux, les fixa sur son amant à genoux au chevet de son lit, et retomba sur l'oreiller. Comme elle ne retira point sa main, nous devons charitablement supposer qu'elle n'avait pas encore recouvré assez complètement l'usage de ses sens pour s'apercevoir que Henry abusait de l'avantage de sa position pour la presser tour à tour contre ses lèvres et sur son cœur. En même temps nous sommes forcés de convenir que le sang colorait ses joues, et que sa respiration était libre et régulière pendant les premières minutes qui suivirent cette rechute.

Le bruit qui se faisait entendre à la porte depuis quelque temps devint alors beaucoup plus marqué, et Henry fut appelé par tous ses différens noms, de Smith, de Gow, de Henry Wynd, comme les païens avaient coutume d'appeler leurs divinités par différentes épithètes. Enfin comme les catholiques portugais, lorsqu'ils ont épuisé toutes les autres formules pour prier leurs saints, la foule qui était dehors eut recours aux reproches et aux invectives.

—Fi! Henry, vous êtes un homme perdu d'honneur, parjure à vos sermens comme citoyen, et traître envers la belle ville si vous ne sortez à l'instant.

Il paraîtrait qu'alors les soins de dame Shoolbred avaient réussi sur les sens de Catherine, car tournant sa figure du côté de Henry plus que sa première position ne le permettait, elle laissa tomber sa main droite sur l'épaule de son amant, et loin de retirer la gauche qu'il tenait toujours, elle semblait le retenir légèrement, tandis qu'elle disait à voix basse:

—Ne sortez pas, Henry; restez avec moi! Ils vous tueront, ces hommes altérés de sang.

Il paraît que cette tendre invocation, provenant de ce qu'elle avait retrouvé vivant celui qu'elle avait cru déjà couvert des ombres de la mort, quoique prononcée d'un ton si bas qu'on pouvait à peine l'entendre, eut plus d'effet pour retenir Henry Wynd immobile à sa place que toutes les vociférations du dehors n'en eurent pour le faire descendre.

— De par la messe ! mes amis, cria un brave citoyen à ses compagnons, l'arrogant armurier se moque de nous. Entrons dans la maison, et tirons-le dehors par les pieds ou par la tête.

— Prenez garde à ce que vous allez faire, dit un assaillant plus circonspect. L'homme qui relance Henry Gow dans sa retraite peut entrer chez lui avec les os intacts, mais n'en sortira pas sans rapporter de la besogne pour le chirurgien. Mais voici quelqu'un qui pourra très-bien se charger de notre message et qui saura lui faire entendre raison des deux côtés de sa tête.

Ce quelqu'un-là n'était ni plus ni moins que Simon Glover en personne. Il était arrivé à l'endroit fatal où était étendu le corps du malheureux bonnetier, juste à temps pour découvrir, à son grand soulagement, que lorsque, par l'ordre du bailli Craigdallie, on l'avait retourné du côté de la figure, la foule avait reconnu les traits du pauvre Proudfute, au lieu de son champion favori, Henry Smith. Un sourire, ou quelque chose d'approchant, se trahit sur la figure de ceux qui se rappelaient combien Proudfute s'était donné de peine pour passer pour un ferrailleur, quoique ses inclinations fussent essentiellement pacifiques; on remarquait alors qu'il avait rencontré un genre de mort beaucoup plus conforme à ses prétentions qu'à son caractère. Mais cette tendance à une gaieté déplacée, qui tenait à la grossièreté du temps, fut réprimée tout à coup par la voix et par les exclamations d'une femme qui fendit la presse en s'écriant : — O mon mari ! mon mari !

On fit place à la veuve infortunée, qui était suivie de deux ou trois femmes de ses amies. Madeleine Proudfute n'avait été remarquée jusqu'alors que comme une brune de bonne mine, qui passait pour être fière et dédaigneuse à l'égard de ceux qu'elle croyait au-dessous d'elle pour le rang et pour la fortune; elle menait aussi, disait-on, feu son mari par le nez; mais, dans ce moment, sous l'influence de passions puissantes, elle prit un caractère beaucoup plus imposant.

— Vous riez, s'écria-t-elle, indignes bourgeois de Perth ! Est-ce parce que l'un de vos concitoyens a versé son sang dans le ruisseau? ou bien parce que c'est mon mari qui est la victime? Comment a-t-il mérité cet horrible sort ? Ne menait-il pas une existence honorable qu'il devait à son industrie? A-t-il jamais refusé un pauvre, repoussé un malade? Sa maison n'était-elle pas ouverte aux malheureux? Ne prêtait-il pas son argent à ceux qui en avaient besoin? Ne vivait-il pas en bonne intelligence avec ses voisins? N'était-il pas toujours prêt à donner des conseils et à rendre la justice comme magistrat?

— C'est vrai! c'est vrai! s'écria la foule assemblée; son sang est notre sang comme si c'était celui de Henry Gow.

— Vous avez raison, voisins, dit le bailli Craigdallie, et cette affaire ne doit pas se passer comme la dernière; il ne faut pas que le sang des citoyens coule impunément dans nos rues, comme si c'était de l'eau bourbeuse ou bientôt nous verrons le Tay en être rougi. Mais le coup n'était pas destiné au pauvre homme sur qui il est tombé. Tout le monde savait ce qu'Olivier Proudfute était au fond, et que, s'il était fort en paroles, il ne l'était nullement en action. Il a le justaucorps de buffle, le bouclier et le casque de Henry Smith; toute la ville les connaît aussi bien que moi : il n'y a pas l'ombre d'un doute à ce sujet. Il avait la manie, comme vous savez, d'imiter l'armurier en toutes choses; quelqu'un, aveuglé par la rage, ou peut-être par l'ivresse, a frappé l'innocent bonnetier, que personne ne haïssait ni ne craignait, et dont, à vrai dire, personne ne s'occupait beaucoup, ni en bien ni en mal, au lieu du redoutable armurier qui avait vingt querelles sur les bras.

— Que faut-il donc faire, bailli? cria le peuple.

— C'est, mes amis, ce que décideront vos magistrats qui vont se réunir dès que sir Patrice Charteris sera arrivé, et cela ne saurait tarder. Pendant ce temps, que le chirurgien Dwining examine ce corps sans vie, afin de pouvoir nous dire ce qui a causé sa mort, et qu'ensuite il soit enveloppé décemment dans un linceul propre, comme il convient à la dépouille d'un honnête citoyen, et qu'il soit placé devant le maître-autel de l'église de Saint-Jean, patron de la belle ville. Cessez tout bruit et toutes clameurs, et tous tant que vous êtes, qui portez intérêt à la belle ville, préparez vos armes et tenez-vous prêts à vous assembler dans High-Street lorsque vous entendrez le beffroi de l'Hôtel-de-Ville. Nous vengerons la mort de notre concitoyen, ou bien nous accepterons le sort qu'il plaira au ciel de nous envoyer. En attendant, évitez toutes querelles avec les chevaliers et les gens de leur suite, jusqu'à ce que nous ayons distingué les innocens d'avec les coupables. Mais pourquoi cet enragé de Smith ne vient-il pas? Lui qui est toujours le premier dans un tumulte, lorsqu'on n'a pas besoin de lui, il reste en arrière dans un moment où sa présence pourrait être utile à la belle ville? Quelle mouche l'a piqué? Quelqu'un le sait-il? Est-ce qu'il a fait des siennes et qu'il s'est mis en goguette pendant la fête?

— Je pense plutôt qu'il est malade, ou qu'il a de l'humeur, M. le bailli, dit un des sergens ou huissiers de la ville; car, quoiqu'il soit chez lui, à ce que disent ces drôles, il ne veut ni nous répondre, ni nous recevoir.

— Si Votre Honneur veut bien le permettre, M. le bailli, dit Simon Glover, j'irai moi-même chercher Henry Smith. J'ai quelques petites affaires à régler avec lui, et bénie soit la sainte Vierge qui permet que je le retrouve vivant, lorsqu'il y a un quart d'heure je croyais ne le revoir jamais.

— Amenez le brave armurier au conseil, dit le bailli, à qui un yeoman à cheval, accouru précipitamment, venait de parler à l'oreille; voici un camarade qui dit que le chevalier de Kinfauns arrive.

Tel fut le motif pour lequel Simon Glover se présenta à la porte de Henry Gow, comme nous l'avons déjà vu.

N'étant pas retenu par les considérations suggérées par le doute ou par la crainte, qui agissaient sur les autres, il se rendit au parloir, et entendant au-dessus de lui la voix de dame Shoolbred qui semblait très-affairée, il profita du privilège de l'intimité pour monter dans la chambre à coucher, et, se contentant de dire pour excuse : — Pardon, mon cher voisin, il ouvrit la porte et entra dans l'appartement, où il aperçut un spectacle aussi singulier qu'inattendu. Le son de sa voix parut ranimer Catherine beaucoup plus efficacement que tous les cordiaux de dame Shoolbred, et la pâleur de ses joues se dissipa pour faire place aux plus belles et aux plus vives couleurs. Elle repoussa son amant avec ses deux mains, que jusqu'à cet instant sa faiblesse ou son affection, éveillée par les événemens de la matinée, avait presque abandonnées à ses caresses. Henry Smith, timide comme nous le connaissons, manqua de tomber en se relevant; et tous avaient leur part de confusion, à l'exception pourtant de dame Shoolbred, qui saisit un prétexte pour se détourner, afin de se procurer la jouissance de satisfaire à leurs dépens une envie de rire qu'il lui était absolument impossible de contenir, et à laquelle le gantier, dont la surprise, quoique grande, fut de courte durée, prit sincèrement part.

— Et, de par saint Jean! dit-il, je croyais que le spectacle que j'ai vu ce matin me guérirait de l'envie de rire, au moins jusqu'à ce que le carême fût passé; mais voici qui dériderait mon front quand je serais à la mort. Ah! ah! ah!... Je vois là l'honnête Henry Smith, qu'on pleurait comme mort et qu'on carillonnait du haut de tous les clochers de la ville, qui me paraît se porter à merveille si j'en juge d'après son teint rubicond, frais et animé; il ne songe pas plus à mourir que le plus vigoureux gaillard de l'endroit. Et voilà ma chère fille qui hier ne parlait que de la perversité des mauvais sujets qui fréquentent les lieux profanes et protègent les filles de joie, oui, ma fille, qui défiait tout à la fois saint Valentin et saint Cupidon, la voilà transformée elle-même en fille de joie, autant que j'en puis juger. Parbleu! je suis charmé de voir, ma bonne dame Shoolbred, que vous, qui ne prêtez la main à aucun désordre, vous soyez de cette partie d'amourette.

—Vous me faites injure, mon très-cher père, dit Catherine comme si elle était prête à pleurer. Je suis venue ici dans des intentions bien différentes de celles que vous supposez. Je suis venue parce que.... parce que....

—Parce que vous vous attendiez à trouver un amant mort, dit son père; et vous en avez trouvé un en bonne santé, qui peut vous rendre vos caresses. Parbleu! si ce n'était pas un péché, je crois que je remercierais le ciel du fond du cœur de ce que ma fille a été amenée enfin à convenir qu'elle était femme. Simon Glover n'était pas digne non plus d'avoir une sainte pour sa fille. Allons, allons, ne me jetez pas des regards si piteux et n'attendez pas de moi des condoléances. Seulement je tâcherai de modérer mes transports, si vous voulez avoir la bonté de sécher vos larmes, ou d'avouer que ce sont des larmes de joie.

—Dût ma vie dépendre d'un pareil aveu, dit la pauvre Catherine, je ne saurais quel nom leur donner. Tout ce que je vous demande, mon cher père, et ce que je demande à Henry, c'est de bien croire que je ne serais jamais venue ici, si... si je...

—Si vous n'aviez cru que Henry ne pouvait venir chez vous, dit son père. Et à présent donnez-vous la main en signe de paix et de bonne intelligence, et soyez ensemble comme de véritables Valentins. C'était hier le mardi-gras, Henry. Nous tiendrons pour certain que tu as fait l'aveu de tes folies, que tu as obtenu l'absolution, et que tu es déchargé de tous les crimes qui t'étaient imputés.

— Quant à cela, mon père, dit l'armurier, maintenant que vous êtes assez de sang-froid pour pouvoir m'entendre, je vous jure sur l'Évangile et je prends ma nourrice Shoolbred à témoin, que....

— Allons! allons! dit le gantier, à quoi bon réveiller des querelles qui doivent être toutes oubliées?

— Holà! Simon! Simon Glover! crièrent d'en bas plusieurs voix.

— En effet, mon fils Smith, dit le gantier d'un ton sérieux, nous avons à nous occuper d'autre chose. Il faut que vous et moi nous nous rendions sur-le-champ au conseil. Catherine restera ici avec dame Shoolbred, qui en prendra soin jusqu'à notre retour; et alors, comme la ville est sens dessus dessous, nous la porterons à nous deux chez moi, Henry, et ils seront hardis ceux qui voudront nous barrer le passage.

— Savez-vous, mon cher père, dit Catherine en souriant, que vous usurpez les fonctions d'Olivier Proudfute, ce vaillant citadin, le frère d'armes de Henry?

La figure de son père se rembrunit.

— Vous avez dit une parole qui me perce le cœur, ma fille; mais vous ne savez pas ce qui est arrivé. Allons, embrassez-le, en signe de pardon.

— Non, non, dit Catherine, je ne lui ai déjà fait que trop de grace. Lorsqu'il aura reconduit la demoiselle errante chez son père, il sera bien assez temps qu'il réclame sa récompense.

— En attendant, dit Henry, je demanderai, comme votre hôte, ce que vous ne voulez pas m'accorder à d'autre titre.

Il pressa la Jolie Fille dans ses bras, et on lui permit de prendre le baiser qu'on avait refusé de lui accorder.

En descendant l'escalier avec Smith, le vieillard lui mit la main sur l'épaule et lui dit : — Henry, nos plus chers désirs sont remplis ; mais il a plu aux saints que ce fût dans une heure de troubles et de dangers.

— Il est vrai, dit l'armurier ; mais vous savez, mon père, que si nos émeutes sont fréquentes à Perth, il est rare du moins qu'elles durent long-temps.

Alors, ouvrant une porte qui conduisait de la maison dans la forge : — Hé! camarades, cria-t-il ; Antoine, Cuthbert, Dingwell et Ringan! qu'aucun de vous ne bouge d'ici jusqu'à mon retour. Soyez fermes au poste, autant que les épées que je vous ai appris à forger. Un écu de France et un régal écossais pour vous, si vous exécutez mes ordres ; je vous confie un grand trésor, gardez bien les portes. Que le petit Jankin fasse sentinelle dans l'allée, et ayez vos armes toutes prêtes, dans le cas où quelqu'un viendrait à approcher de la maison ; n'ouvrez à qui que ce soit avant mon retour ou celui de mon père, il y va de ma vie et de mon bonheur.

Les Vulcains basanés auxquels il s'adressait répondirent : — Mort à quiconque tenterait d'entrer!

— A présent, dit-il à Glover, ma Catherine est aussi en sûreté que si vingt soldats la gardaient dans un château-fort. Nous pourrons nous rendre plus tranquillement au conseil en passant par le jardin.

Il le conduisit dans un petit verger où les oiseaux que le bon artisan avait abrités et nourris pendant l'hiver saluaient déjà les sourires précaires d'un soleil de février par quelques chants faibles et souvent interrompus.

— Écoutez ce concert, mon père, dit l'armurier ; je

me moquais d'eux ce matin, dans l'amertume de mon cœur, en les entendant chanter, lorsqu'ils ont encore tant de jours d'hiver devant eux. Mais il me semble à présent que je prends goût à leur musique; car j'ai ma Valentine comme ils ont les leurs, et quelques malheurs qui puissent m'attendre demain, je suis aujourd'hui l'homme le plus heureux de Perth, ville ou comté, bourg ou province.

— Hélas, il faut que je tempère votre joie, dit le vieux gantier, quoique le ciel sache que je la partage. Le pauvre Olivier Proudfute, ce fou bien innocent, que vous et moi nous connaissions si bien, a été trouvé mort ce matin dans la rue.

— Rien qu'ivre-mort, j'espère, dit l'armurier. Alors un bon chaudeau et une forte dose de remontrances conjugales lui auront bientôt rendu la vie.

— Non, Henry, non. Il a été tué d'un coup de hache ou de quelque autre arme.

— Impossible! répondit l'armurier; il avait d'excellentes jambes, et il n'était pas homme à faire usage de ses mains lorsqu'il pouvait faire usage de ses talons.

— Il n'a pas eu le choix; le coup lui fut asséné sur le derrière de la tête; il a dû être donné par un homme plus petit que lui, et avec une hache d'armes de cavalier ou quelque chose de semblable; car une hache de Lochaber aurait fendu le haut de la tête. Mais il est bien mort, et jamais blessure plus terrible n'a étendu quelqu'un sur le carreau.

— C'est inconcevable, s'écria Henry; il était chez moi à minuit, en costume de danseur moresque; il me parut avoir bu, quoique non pas à en perdre la tête. Il me conta une histoire de tapageurs qui l'avaient poursuivi, et des dangers qu'il courait ; mais, hélas ! vous connaissez l'homme, je crus que c'était un de ses accès de forfanterie, comme il lui en prenait quelquefois quand il avait un doigt de vin ; et, que la sainte Vierge me le pardonne ! je le laissai partir seul, ce que j'eus grand tort de faire. Moi qui aurais accompagné tout être sans secours qui aurait eu besoin de protection ! à plus forte raison lui, avec lequel j'ai si souvent pris place à la même table et bu dans le même verre ! Mais aussi, qui aurait pu croire qu'il y aurait sur la terre quelqu'un qui songeât à faire du mal à un pauvre diable si simple, si pacifique, qui n'en avait jamais fait à personne, et qui n'avait d'autre tort que de se vanter à tout propos !

— Henry, il portait ton casque, ton justaucorps de buffle et ton bouclier. — Comment se trouvait-il les avoir ?

— Ma foi, il m'a demandé de les lui prêter pour la nuit ; j'étais mal à mon aise, et il me tardait de le voir partir, n'ayant pas chômé la fête, et étant déterminé à ne point la chômer, à cause de notre mésintelligence.

— C'est l'opinion du bailli Craigdallie et des meilleures têtes du conseil, que le coup vous était destiné, et que c'est à vous à venger notre compatriote qui a reçu la mort à votre place.

L'armurier garda un instant le silence. Ils étaient alors sortis du jardin, et ils traversaient une ruelle solitaire, par laquelle ils comptaient arriver au conseil de la commune sans être vus et sans être exposés à de vaines questions.

— Vous vous taisez, mon fils, dit Simon Glover ; et nous avons beaucoup de choses à nous dire l'un à l'autre. Songez que la pauvre veuve Madeleine, si elle trouve sujet d'intenter à quelqu'un une accusation pour le malheur qu'elle éprouve ainsi que ses enfans, devra la faire soutenir par un champion, d'après la loi et la coutume ; car, quel que soit le meurtrier, nous connaissons assez ces nobles et leurs dépendans, pour savoir que le coupable demandera l'épreuve du combat, pour narguer peut-être ceux qu'ils appellent les lâches bourgeois. Non, tant qu'il coulera une goutte de sang dans nos veines, cela ne doit pas être, Henry Smith.

— Je vois où vous voulez en venir, mon père, répondit Henry d'un air abattu ; et saint Jean sait que jamais cheval de bataille n'a entendu avec plus de plaisir le son de la trompette que je n'avais coutume d'entendre un appel aux armes. Mais vous voyez, mon père, que c'est pour avoir toujours été trop prompt à faire usage de mes mains, que j'ai perdu si souvent l'amitié de Catherine, et que j'ai bien cru que je ne la regagnerais jamais ; maintenant que toutes nos querelles sont arrangées, et que l'espoir, qui ce matin semblait m'avoir abandonné pour toujours, brille plus que jamais à mes yeux, faut-il, lorsque j'ai encore sur les lèvres le baiser de pardon de ma chère Catherine, faut-il que j'aille me jeter dans de nouvelles affaires, ce qui, vous le savez, serait l'offenser de la manière la plus sensible ?

— Il est pénible pour moi de vous conseiller, Henry, dit Simon ; mais dites-moi : avez-vous, ou n'avez-vous pas raison de croire que ce pauvre Olivier a été pris pour vous ?

— Je ne le crains que trop, dit Henry. On trouvait qu'il me ressemblait un peu, et le pauvre diable s'étudiait à imiter mes gestes, ma démarche, et jusqu'aux airs que j'ai coutume de siffler, afin d'ajouter à une ressemblance qui devait lui coûter si cher. Il ne manque pas de gens, tant dans la ville que dans le comté, qui me gardent rancune, et qui me doivent quelque revanche; lui, le cher homme, personne je crois ne lui devait rien.

— Écoutez, Henry; je ne puis vous promettre que ma fille ne sera point offensée. Elle a vu souvent le père Clément, et elle en a reçu, au sujet de la paix et du pardon des injures, des idées qui me semblent convenir fort mal à un pays dans lequel la loi ne peut nous protéger, à moins que nous n'ayons le courage de nous protéger nous-mêmes. Si vous vous décidez pour le combat, je ferai mon possible pour la déterminer à voir la chose du même œil que toutes les autres femmes de la ville la verront; et si vous préférez laisser dormir l'affaire, si vous voulez que l'homme qui est mort pour vous reste sans vengeance, que la veuve et les enfans n'obtiennent point réparation pour le malheur qui les a frappés; alors, je vous rendrai la justice de ne point oublier que moi, du moins, je ne dois pas penser plus mal de vous à cause de votre patience, puisqu'elle ne vous aura été commandée que par votre amour pour ma fille. Mais, dans ce cas, Henry, il faudra que nous nous éloignions de notre cher Saint-Johnstoun, car nous n'y serions plus qu'une famille perdue d'honneur.

Henry poussa un profond soupir, garda un instant le silence, puis il répondit : — Plutôt mourir que d'être perdu d'honneur, dussé-je ne la revoir jamais! Ah! si c'eût été hier au soir, j'aurais couru me mesurer avec la meilleure lame de tous ces hommes d'armes, aussi gaiement que je dansai jamais autour d'un mai. Mais aujourd'hui, lorsque pour la première fois c'est comme si elle m'avait dit : — Henry Smith, je t'aime, — ah! mon père Glover, c'est bien pénible! Après tout, c'est ma faute! c'est uniquement ma faute! J'aurais dû lui prêter l'abri de mon toit, lorsqu'il m'en suppliait dans l'excès de sa frayeur; ou, si j'étais sorti avec lui, je l'aurais sauvé ou j'aurais partagé son sort. Mais je me moquai de lui, je l'accablai de reproches et de malédictions : cependant les saints savent que je ne les proférai que par humeur et dans un mouvement d'impatience. Je le mis à ma porte, lui qui était sans défense, l'envoyant au devant de la mort qui m'était peut-être destinée. Il faut que je le venge, ou je suis déshonoré pour toujours. Voyez, mon père; on a dit que j'étais aussi dur que le fer que je travaille; le fer verse-t-il jamais des larmes comme celles-ci? Honte à moi qui les répands!

— Il n'y a point de honte, mon cher fils; tu es aussi bon que tu es brave, et je t'ai toujours connu tel. Il est possible qu'on ne découvre personne sur qui puissent planer les soupçons; et, dans ce cas, le combat ne saurait avoir lieu. Il est bien dur de souhaiter que le sang innocent ne soit pas vengé. Mais si l'auteur de ce lâche assassinat reste caché pour le moment, tu seras affranchi de l'obligation d'en tirer cette vengeance dont le ciel, n'en doute pas, se chargera lorsqu'il en sera temps.

En parlant ainsi, ils arrivèrent à l'endroit de High-Street où était située la maison du conseil. Lorsqu'ils approchèrent de la porte, en se frayant un passage à travers la foule qui remplissait encore la rue, ils trouvèrent les avenues gardées par une troupe choisie de bourgeois armés, et par environ cinquante lances appartenant au chevalier de Kinfauns, qui, avec ses alliés les Grays, les Blairs, les Moncrieffs et autres, avait amené à Perth un corps considérable de cavalerie, dont ce détachement faisait partie. Dès que Glover et Smith se présentèrent, ils furent introduits dans la salle où les magistrats étaient assemblés.

CHAPITRE XX.

La salle de conseil de Perth présentait un singulier spectacle. Dans un sombre appartement, mal éclairé par deux fenêtres de formes différentes et de grandeur inégale, étaient assemblés autour d'une grande table de chêne, un groupe d'hommes, dont ceux qui occupaient les sièges les plus élevés étaient des marchands membres de corporations ou de confréries, habillés convenablement suivant leur état, mais portant presque tous, comme le régent York (1),

Signs of war around their aged necks.

— des signes de guerre autour de leurs cous vieillis, — c'est-à-dire des hausse-cols, et des baudriers qui soutenaient leurs armes. Les places inférieures étaient remplies par des ouvriers et des artisans, syndics ou diacres, comme on les appelait, de leurs corps respec-

(1) Le *Richard III* de Shakspeare. — Éd.

tifs, portant leurs vêtemens ordinaires, qu'ils avaient seulement arrangés avec un peu plus de soin que de coutume. Ils avaient aussi des armures de différens genres; les uns avaient la jaquette (ou pourpoint) couverte de petites plaques de fer en losanges qui, attachées par le haut, pendaient l'une sur l'autre, et qui, cédant à tous les mouvemens du corps, formaient une excellente cuirasse. D'autres avaient des justaucorps de buffle qui, comme nous l'avons déjà dit, pouvaient résister au tranchant d'une épée, ou même à la pointe d'une lance, à moins qu'elle ne fût poussée avec une force extraordinaire. Au bas bout de la table, entourée comme elle l'était de cette assemblée bizarre, se trouvait assis sir Louis Lundin, personnage qui n'était nullement belliqueux, mais prêtre et curé de Saint-Jean, portant le costume ecclésiastique, et qui avait devant lui une plume et de l'encre. Il était greffier du bourg, et, comme tous les prêtres d'alors, qui d'après cette circonstance étaient appelés les chevaliers du pape, il recevait le titre honorable de *Dominus*, dont on faisait par contraction Dom ou Dan, ou qu'on traduisait par SIR, titre de distinction accordé à la chevalerie séculière.

Sur un siège élevé au haut bout de la table du conseil, était placé sir Patrice Charteris, couvert d'une armure étincelante, formant un contraste singulier avec l'accoutrement moitié guerrier moitié pacifique des bourgeois, qui n'étaient appelés aux armes que de loin en loin. Les manières du prevôt, sans démentir en rien les relations intimes que des intérêts mutuels avaient établies entre les bourgeois, les magistrats et lui, étaient en même temps de nature à faire sentir la supériorité qu'en vertu de son rang et de sa noble naissance l'opinion du siècle lui donnait sur les membres de l'assemblée qu'il présidait. Deux écuyers, debout derrière lui, portaient, l'un le pennon du chevalier, l'autre son bouclier où l'on voyait ses armes, qui étaient une main tenant un poignard ou une courte épée, avec cette fière devise : *Voilà ma charte.* Un joli page tenait la longue épée de son maître ; un autre portait sa lance ; tous ces emblèmes chevaleresques étaient déployés avec d'autant plus de soin que le personnage auquel ils appartenaient était occupé à remplir les fonctions de magistrat. Le chevalier de Kinfauns semblait même affecter un air raide et guindé, qui ne lui était point naturel, et qui n'était nullement d'accord avec son caractère franc et jovial.

— Ainsi donc, vous voici à la fin, Henry Smith et Simon Glover, dit le prévôt. Sachez que voilà longtemps que nous vous attendons. Si la même chose arrive encore pendant l'exercice de nos fonctions, nous vous imposerons une amende telle que vous ne serez pas très-charmés de la payer. Assez ; ne faites point d'excuses, on ne vous en demande point à présent ; et une autre fois elles ne seront point admises. Apprenez, Messieurs, que notre révérend greffier a mis par écrit, tout au long, ce que je vais vous dire brièvement, afin que vous sachiez ce qu'on doit attendre de vous en particulier, Henry Smith. Feu notre concitoyen, Olivier Proudfute, a été trouvé mort dans High-Street, près de l'entrée du Wynd, dans lequel vous demeurez. Il paraît qu'il a été tué d'un coup de hache courte, qui lui a été asséné par derrière à l'improviste ; et la manière dont il a été assassiné ne peut être considérée que comme un meurtre infame et prémédité. Voilà pour le crime. Quant au criminel il ne peut être indiqué que par les circonstances. D'après le protocole du révérend sir Louis Lundin, il appert que divers témoins dignes de foi ont vu le défunt, Olivier Proudfute, à une heure assez avancée, qui accompagnait la troupe de danseurs moresques dont il faisait partie, jusqu'à la maison de Simon Glover, dans Curfew-Street, où ils donnèrent une nouvelle représentation de leur ballet. Il est également prouvé qu'en cet endroit il se sépara du reste de la bande, après avoir causé un instant avec Simon Glover, et qu'il convint de rejoindre ses amis à l'enseigne du Griffon, pour y terminer la fête. — A présent, Simon, je vous demande si ces faits sont vrais, en ce qui est à votre connaissance; et en outre quel fut le sujet de la conversation que feu Olivier Proudfute eut avec vous.

— Milord prévôt, et très-honorable sir Patrice, répondit Simon Glover, vous saurez, vous et la respectable assemblée, que d'après certains bruits qui m'étaient venus de la conduite de Henry Smith, il s'était élevé quelque querelle entre moi et une autre personne de ma famille d'un côté, et le pétulant Smith de l'autre. Or, comme notre pauvre concitoyen Olivier Proudfute avait été très-empressé à répandre ces bruits, car il était dans son élément lorsqu'il pouvait faire des commérages, nous échangeâmes quelques mots ensemble à ce sujet; et, autant que je puis croire, il me quitta pour aller voir Henry Smith; car il prit un autre chemin que les danseurs, après leur avoir promis, à ce qu'il paraîtrait, de les rejoindre, comme disait Votre Honneur, à l'enseigne du Griffon pour y terminer la soirée.

Mais je ne saurais dire s'il l'a fait ou non, attendu que je ne l'ai plus revu depuis ce moment.

— Il suffit, dit sir Patrice, et voilà qui se rapporte avec tout ce que nous avons entendu. — Qu'arrive-t-il ensuite, dignes citoyens? nous trouvons notre pauvre compatriote environné d'une bande de masques et de gens en goguette, qui le traitent de la manière la plus indigne, le forçant de se mettre à genoux au milieu de la rue, et d'avaler malgré lui une immense quantité de vin, jusqu'à ce qu'enfin il réussît à s'échapper. Ce fut l'épée à la main qu'ils accomplirent ces actes de violence, et ils poussaient des cris et des imprécations si terribles qu'ils attirèrent l'attention de plusieurs personnes qui, alarmées par le tumulte, se mirent à leurs fenêtres; un ou deux passans, qui n'osèrent s'approcher de l'endroit où ils voyaient des torches de peur d'être aussi outragés, furent témoins du traitement que notre concitoyen reçut au milieu de la grande rue de la ville. Et quoique ces scélérats fussent déguisés et qu'ils portassent des masques, cependant leurs déguisemens sont bien connus, attendu que ce sont de superbes costumes, préparés il y a quelques semaines par ordre de sir John Ramorny, grand écuyer de son Altesse Royale le duc de Rothsay, prince royal d'Écosse!

Une sorte de gémissement plaintif se fit entendre dans l'assemblée.

— Oui, c'est la vérité, braves bourgeois, ajouta sir Patrice, nos recherches nous ont conduits à des conclusions aussi tristes que terribles. Mais personne ne saurait regretter plus que moi le point auquel elles semblent devoir aboutir, personne non plus ne peut en redouter moins les conséquences. — Oui, ce que je vous dis est de toute certitude. Plusieurs ouvriers employés à ce travail ont décrit les costumes préparés pour sir John Ramorny, et ils sont exactement semblables à ceux des hommes qu'on a vus maltraiter Olivier Proudfute. Un artisan, Wingfield, le plumassier, qui vit les scélérats lorsqu'ils tenaient notre concitoyen en leur pouvoir, remarqua qu'ils portaient les ceintures et les couronnes de plumes peintes qu'il avait faites lui-même par ordre du grand écuyer du prince.

— A partir du moment où il parvint à s'échapper d'entre leurs mains, nous perdons toute trace d'Olivier; mais nous pouvons prouver que les masques prirent le chemin de la maison de sir John Ramorny, où ils furent reçus après un instant de délai. — On dit, Henry Smith, que tu as vu notre compatriote après qu'il avait été arrêté par ces misérables; apprends-nous ce qu'il en est.

— Il vint chez moi, dit Henry, une demi-heure avant minuit, et je lui ouvris un peu à contre-cœur, attendu qu'il avait fait le carnaval, tandis que moi j'étais resté à la maison; et la conversation va mal, dit le proverbe, entre un homme à jeun et un homme qui a dîné.

— Et dans quel état paraissait-il être lorsqu'il entra chez toi? dit le prévôt.

— Il semblait tout hors d'haleine, répondit l'armurier, et il ne cessait de répéter qu'il avait été attaqué par une troupe de tapageurs. Je fis peu d'attention à ses discours; car quoique bon homme au fond, il était connu pour un poltron de première force, et je croyais que son imagination faisait tous les frais de son récit. Mais je ne me pardonnerai jamais de ne l'avoir pas accompagné, comme il me le demandait; et si je vis je ferai dire des messes pour son ame, en expiation de ma faute.

— A-t-il dépeint ceux qui l'avaient insulté? dit le prévôt.

— Il m'a dit que c'étaient des tapageurs qui étaient masqués, répondit Henry.

— Et paraissait-il craindre d'avoir encore affaire à eux en s'en retournant? demanda de nouveau sir Patrice.

— Il me dit plusieurs fois qu'on l'attendait au passage, ce que je traitai de chimère n'ayant aperçu personne dans le Wynd.

— Ainsi donc, il n'a reçu de toi aucun secours, de quelque espèce que ce soit? dit le prévôt.

— Pardonnez-moi, répondit l'armurier; il a quitté ses habits de danseur pour prendre mon justaucorps de buffle, mon casque et mon bouclier, qu'on a trouvés sur son corps, à ce que j'apprends, et j'ai chez moi son bonnet et ses grelots moresques, ainsi que la jaquette et le reste du costume. Il devait me renvoyer ce matin mes armes, et reprendre son déguisement, si les saints l'eussent permis.

— Le revites-vous ensuite?

— Jamais, milord.

— Encore un mot; avez-vous raison de croire que le coup qui a tué Olivier Proudfute était destiné à un autre?

— Oui, répondit l'armurier; mais ce ne sont que des conjectures, de simples suppositions, auxquelles il peut être dangereux de s'arrêter.

— Parlez toujours, et dites tout ce que vous croyez,

comme votre devoir et votre serment vous y obligent. Qui pensez-vous qu'on voulait frapper?

— S'il faut parler, reprit Henry, je crois que c'était à moi qu'était destiné le coup qu'Olivier Proudfute a reçu, d'autant plus que, dans sa folie, Olivier parlait sans cesse de chercher à imiter mes démarches aussi-bien que mon habillement.

— Avez-vous quelque querelle avec quelqu'un pour penser de la sorte? dit sir Patrice Charteris.

— Je dois le dire à ma honte, et comme un grand péché, j'en ai de tous les côtés, dans les montagnes comme dans les plaines, en Angleterre comme en Écosse, dans le Perthshire comme dans l'Angusshire; tandis que le pauvre Olivier n'avait pas plus d'ennemis que le poulet qui vient de naître. Hélas! il n'en était que mieux préparé à répondre à un si brusque appel!

— Écoutez, Smith, dit le prévôt; répondez-moi clairement, y a-t-il quelque sujet d'animosité entre la maison de sir John Ramorny et vous?

— Oui, milord, rien n'est plus certain. On dit partout à présent que c'est à Quentin-le-Noir, qui passa le Tay il y a quelques jours pour aller dans le comté de Fife, qu'appartenait la main qui a été trouvée dans Curfew-Street la veille de Saint-Valentin. C'est moi qui abattis cette main d'un coup de ma large épée. Comme ce Quentin-le-Noir est valet de chambre (1) de sir John, qui a une grande confiance en lui, il est assez probable que les gens de cette maison et moi nous ne devons pas être très-bien ensemble.

— Très-probable, en effet, Smith, dit sir Patrice

---

(1) Chamberlain. — Éd.

Charteris ; et maintenant, très-dignes confrères et très-judicieux magistrats, il se présente naturellement deux suppositions qui conduisent l'une et l'autre à la même conclusion. Il est possible que les masques qui saisirent notre concitoyen, et qui lui firent essuyer un traitement dont son corps conserve de légères marques, aient rencontré leur prisonnier fugitif comme il s'en retournait chez lui, et qu'ils aient mis le comble à leurs indignes procédés en lui ôtant la vie. Il exprima lui-même à Henry Gow la crainte qu'il en fût ainsi. Dans ce cas, et si les choses se sont passées de cette manière, un ou plusieurs des gens de sir John Ramorny ont dû être les assassins. Mais je crois plus vraisemblable qu'un ou deux des masques sont restés dans la rue, ou y sont revenus, peut être après avoir changé de déguisement, et que ces hommes voyant Olivier Proudfute s'avancer sous les habits et avec la démarche de Henry Smith qu'il cherchait à imiter ; car, sous ses vêtemens ordinaires, il n'aurait été pour eux qu'un sujet d'amusement ; il est vraisemblable, dis-je, qu'ils sentirent leur animosité s'éveiller, et que, le voyant seul, ils prirent, à ce qu'ils pensaient, le moyen le plus sûr et le plus prompt de se délivrer d'un ennemi aussi dangereux que Henry Smith passe pour l'être, comme on le sait fort bien, auprès de tous ceux qui ne sont pas ses amis. Le même raisonnement nous conduit encore à dire que ce sont les gens de sir John Ramorny qui ont commis le crime. Qu'en pensez-vous, messieurs? ne sommes-nous pas en droit de les en accuser?

Les magistrats parlèrent tout bas entre eux pendant quelques minutes, et ils répondirent ensuite par l'organe du bailli Craigdallie. — Noble chevalier, et très-digne prévôt, nous sommes entièrement de votre avis sur cette affaire sanglante et mystérieuse; et nous ne doutons pas que vous n'ayez parfaitement raison d'attribuer aux compagnons et aux gens de ce John Ramorny l'action atroce dont a été victime feu notre concitoyen, soit pour son propre compte et en son propre nom, soit pour avoir été pris pour notre brave compatriote, Henry Smith. Mais sir John, et pour lui-même et en sa qualité de grand écuyer du prince, a une nombreuse maison, et comme nous devons nous attendre que l'accusation sera repoussée par un démenti formel, nous nous permettrons de demander comment nous procéderons dans ce cas. Il est vrai que si nous pouvions trouver une loi qui nous autorisât à mettre le feu à sa demeure, et à passer au fil de l'épée tous ceux qui s'y trouvent, le vieux proverbe de courte et bonne pourrait recevoir son application; car jamais on n'a vu réunis plus de contempteurs de Dieu, de destructeurs d'hommes, et de séducteurs de femmes, que dans la bande de Ramorny. Mais je doute que cet acte de justice sommaire fût parfaitement légal; et d'un autre côté, je ne vois rien, dans tout ce que nous avons entendu, qui puisse nous aider à découvrir les vrais coupables.

Avant que le prévôt pût répondre, le greffier de la ville se leva, et caressant sa barbe vénérable, il demanda la parole, qui lui fut accordée sur-le-champ. — Mes frères, dit-il, du temps de nos pères aussi-bien que du nôtre, Dieu, lorsqu'il a été duement consulté, a bien voulu faire éclater d'une manière évidente les crimes des coupables et l'innocence de ceux qui avaient pu être injustement accusés. Demandons au roi Robert;

notre souverain, qui, lorsque les méchans n'interviennent pas pour dénaturer ses bonnes intentions, est un prince aussi juste et aussi clément qu'aucun de ceux que pourrait offrir la longue série de nos annales (1); demandons-lui, au nom de la Belle Ville et de toutes les communes de l'Écosse, de nous permettre, d'après la coutume de nos ancêtres, de nous adresser au ciel pour qu'il nous éclaire sur ce mystérieux attentat. Demandons l'épreuve par *droit de cercueil* (2), qui a été approuvée par des bulles et des décrets, que les ancêtres de notre souverain ont souvent accordée, et à laquelle ont eu plus d'une fois recours et le grand empereur Charlemagne en France, et le roi Arthur en Angleterre, et Grégoire-le-Grand, et le puissant Achaïus (3) dans notre terre d'Écosse.

— J'ai entendu parler de ce *droit de cercueil*, sir Louis, dit le prévôt; et je sais qu'il est consigné dans les chartes et privilèges de la Belle Ville; mais je ne suis pas trop au fait des anciennes lois, et je vous serais très-obligé de nous expliquer plus clairement en quoi il consistait.

— Nous demanderons au roi, dit sir Louis Lundin, si l'on en croit mon avis, que le corps de notre concitoyen assassiné soit transporté dans la cathédrale de Saint-Jean, et que des messes soient dites pour le repos de son ame et pour la découverte de son infame meur-

---

(1) Suivant les chroniques, l'Écosse comptait cent un rois depuis Fergus Ier jusqu'à Robert III. — Éd.

(2) *Bier-right*.

(3) Roi d'Écosse, contemporain de Charlemagne, selon les chroniques. — Éd.

trier. En même temps nous requerrons qu'il soit enjoint à sir John Ramorny de donner la liste des gens de sa maison qui étaient dans Perth pendant la nuit du mardi-gras au mercredi des Cendres, et de s'engager à les représenter au jour et à l'heure qui lui seront assignés, pour qu'étant appelés nominativement dans la cathédrale de Saint-Jean, chacun d'eux passe l'un après l'autre devant le cercueil de notre malheureux concitoyen, et, dans la forme prescrite, il prenne Dieu et ses saints à témoin qu'il est innocent, et qu'il n'a pris part, ni directement ni indirectement, au meurtre dont il s'agit. Et croyez, comme l'ont prouvé une foule d'exemples, que, si le meurtrier tente de se mettre à couvert en faisant cet appel à Dieu, l'antipathie qui existe entre le corps mort et la main fatale par laquelle a été porté le coup qui l'a séparé d'avec l'ame, réveille quelque signe imparfait de vie, et que l'on voit le sang, glacé depuis si long-temps dans les veines de la victime, reparaître à l'endroit de la blessure; ou, pour parler avec plus de certitude, il plaît au ciel, par quelque intervention mystérieuse que nous ne pouvons comprendre, de montrer aussi à découvert la perversité de celui qui a défiguré l'image de son créateur.

— J'ai entendu parler de cette loi, dit sir Patrice, et elle fut mise à exécution du temps de Bruce. C'est assurément une occasion convenable de chercher, par cette enquête mystérieuse, la vérité, qu'il est impossible de découvrir par les moyens ordinaires, puisque si nous accusions en masse les gens de sir John, ils ne manqueraient pas de répondre par des protestations générales d'innocence. Cependant, qu'il me soit permis de faire encore une question à notre révérend greffier, sir Louis : Comment empêcherons-nous que le coupable ne s'échappe en attendant ?

— Les bourgeois feront une garde vigilante sur les remparts ; les ponts-levis seront levés et les herses abattues, depuis le coucher jusqu'au lever du soleil, et de fortes patrouilles parcourront les rues pendant la nuit. Les bourgeois feront volontiers ce service, pour empêcher l'évasion du meurtrier de leur concitoyen.

Le reste des conseillers témoigna par signes, par gestes et par paroles, qu'ils acquiesçaient à cette proposition.

— Encore un mot, dit le prévôt. Et si une des personnes justement suspectes refuse de se soumettre à l'épreuve du *droit de cercueil* ?

— Elle peut demander celle du combat, dit le révérend greffier, contre un adversaire d'un rang égal au sien ; parce que, dans l'appel au jugement de Dieu, l'accusé doit avoir le choix de l'épreuve pour laquelle il sera jugé. Mais s'il refuse l'une et l'autre, il doit être regardé comme coupable et puni comme tel.

Les sages du conseil furent unanimement de l'avis de leur prévôt et de leur greffier, et ils résolurent de présenter dans toutes les formes une pétition au roi pour que l'enquête sur le meurtre de leur concitoyen eût lieu conformément à cet ancien usage, adopté pour faire ressortir la vérité, et qui était encore en vigueur vers la fin du dix-septième siècle ; mais, avant que l'assemblée se séparât, le bailli Craigdallie crut à propos de demander quel serait le champion de Maudie ou Madeleine Proudfute et de ses deux enfans.

— Il ne faut pas de longues réflexions pour cela, dit sir Patrice Charteris; nous sommes des hommes, et nous avons une épée. S'il en était un parmi nous qui ne fût pas prêt à la tirer pour défendre la veuve et les enfans de notre compatriote et pour venger sa mort, il faudrait la lui briser sur la tête. Dans le cas où sir John Ramorny accepterait lui-même le défi, Patrice Charteris de Kinfauns se battra contre lui à outrance, tant que cheval et cavalier resteront sur leurs jambes, ou que lame et poignée tiendront ensemble; mais si le combattant est d'un rang inférieur, eh bien! que Madeleine Proudfute choisisse elle-même son champion parmi les plus braves citoyens de Perth; et ce serait une honte et un déshonneur éternel pour la Belle Ville si celui qu'elle désignera était assez lâche pour dire non: qu'on l'amène ici, afin qu'elle fasse son choix.

Henry Smith entendit ces paroles avec un triste pressentiment que le choix de la pauvre femme tomberait sur lui, et qu'à peine réconcilié avec sa maîtresse il allait encore une fois se brouiller avec elle en se trouvant engagé dans une nouvelle querelle dont il ne voyait aucun moyen honorable de se tirer, et qui, dans toute autre circonstance, l'eût comblé de joie en lui offrant une occasion glorieuse de se distinguer sous les yeux de la ville et de la cour. Il savait qu'instruite par les leçons du père Clément, Catherine regardait l'épreuve du combat plutôt comme une insulte à la religion que comme un appel à la Divinité, et qu'il ne lui semblait pas raisonnable que la force du corps ou l'adresse à manier les armes servît à prouver l'innocence ou la culpabilité d'un accusé. Il avait donc beaucoup à craindre des idées particulières qu'elle avait sur ce sujet, et qui étaient plus épurées que celles du siècle où elle vivait.

Pendant qu'il était en proie à ce conflit de sensations contraires, la veuve de la victime entra dans la cour, couverte d'un grand voile noir, et soutenue par cinq ou six femmes respectables qui portaient le même emblème de deuil. Une de ses compagnes avait un enfant dans ses bras, dernier gage de l'affection conjugale du pauvre Olivier. Un autre tenait par la main une jolie petite créature de deux ans ou environ, qui trottait à pas inégaux et qui regardait avec étonnement et d'un air de crainte, tantôt le voile lugubre dont on l'avait affublée, et tantôt la scène extraordinaire qui se passait autour de lui.

L'assemblée se leva pour recevoir le triste cortège, et les salua avec l'expression de la plus profonde compassion. Madeleine rendit ce salut avec un air de dignité qu'on n'eût pas attendu de la compagne du pauvre Olivier, et qu'elle emprunta peut-être de l'excès même de son malheur. Sir Patrice Charteris s'avança alors au devant d'elle, et, avec la courtoisie d'un chevalier pour une femme et d'un protecteur pour une triste veuve, il prit la main de l'infortunée et lui expliqua en peu de mots la marche que le conseil avait résolu de suivre pour obtenir vengeance du meurtre de son mari.

S'étant assuré, avec une douceur et une affabilité qui ne caractérisaient pas ses manières en général, que la pauvre veuve comprenait parfaitement ce dont il s'agissait, il dit à haute voix en s'adressant à l'assemblée : — Bons citoyens de Perth, membres nés libres de corps de métiers, faites bien attention à ce qui va se passer; car ceci intéresse vos droits et vos privilèges.

Vous voyez devant vous Madeleine Proudfute, qui demande vengeance pour la mort de son mari, méchamment assassiné, dit-elle, par sir John Ramorny, chevalier de Ramorny, ce qu'elle offre de prouver par le témoignage du *droit de cercueil* ou par le corps d'un homme. En conséquence, moi, Patrice Charteris, chevalier ceint du baudrier, né libre et gentilhomme, je m'offre pour combattre dans sa juste querelle, tant qu'homme et cheval pourront se tenir sur pieds, si quelqu'un d'un rang égal au mien ramasse le gant. Dites, Madeleine Proudfute, voulez-vous m'accepter pour votre champion?

La veuve répondit en faisant un effort sur elle-même : — Je ne puis en désirer un plus noble.

Sir Patrice prit alors sa main droite dans la sienne, et, baisant Madeleine sur le front comme le voulait la cérémonie, il dit d'un ton solennel : — Que Dieu et saint Jean me soient en aide à l'heure du besoin; je ferai mon devoir comme votre champion, en homme, en brave, en chevalier. A présent, Madeleine, choisissez vous-même, parmi tous les bourgeois de la Belle-Ville, absens ou présens, celui que vous désirez charger de soutenir votre défi, dans le cas où celui contre qui vous portez plainte se trouverait être au-dessous de mon rang.

Tous les yeux se tournèrent sur Henry Smith, que la voix générale avait déjà désigné comme le plus digne, sous tous les rapports, de servir de champion dans cette circonstance; mais la veuve n'attendit pas pour prendre sa décision qu'elle eût pu consulter les regards. A peine sir Patrice eut-il fini de parler que, traversant la salle et se dirigeant vers l'endroit où l'armurier était debout, elle le prit par la main et lui dit :

— Henry Gow, ou Smith, bon citoyen et bon artisan, mon...

Mari, était le mot qu'elle voulait prononcer; mais il ne put sortir de ses lèvres et elle fut obligée de prendre une autre tournure.

— Celui qui n'est plus vous aimait et vous estimait par-dessus tous les autres hommes; il est donc juste que ce soit vous qui embrassiez la défense de sa veuve et de ses enfans.

S'il eût été possible, et ce ne pouvait l'être dans ce siècle, qu'Henry songeât à rejeter la mission que tout le monde semblait lui destiner, ou du moins pensât à s'y soustraire, tout désir, toute idée de retraite se serait évanouie du moment que la veuve commença à lui adresser la parole, et un ordre descendu du ciel même n'aurait guère pu faire sur lui une impression plus vive que cet appel de la malheureuse Madeleine. L'allusion qu'elle avait faite à ses liaisons intimes avec le défunt l'avait ému jusqu'au fond de l'ame. Sans doute, du vivant d'Olivier, il y avait eu quelque chose d'absurde et de ridicule dans cette prédilection excessive qu'il manifestait pour Henry, surtout si l'on considère combien leurs caractères se ressemblaient peu; mais tout cela était oublié à présent, et Henry, s'abandonnant à son ardeur naturelle, se rappelait seulement qu'Olivier avait été son ami, qu'il l'avait aimé et honoré autant qu'il était capable d'aimer et d'honorer quelqu'un, et, par-dessus tout, qu'il n'était que trop probable que le défunt avait été victime d'un attentat qui était dirigé contre Henry lui-même.

Ce fut donc avec un empressement que, la minute d'auparavant, il se serait à peine cru capable de manifester, et qui alors était l'effet d'une volonté forte et invariable, qu'après avoir imprimé ses lèvres sur le front glacé de l'infortunée Madeleine, l'armurier répondit :

— Moi, Henry Smith, bon et fidèle citoyen, né libre, j'accepte le titre de champion de cette veuve Madeleine et de ces orphelins, et, pour soutenir leur querelle, je me battrai à toute outrance contre quelque homme que ce soit de ma condition, et cela tant qu'il me restera un souffle de vie. Ainsi me soient en aide à l'heure du besoin Dieu et le bon saint Jean !

Il se fit dans l'auditoire un mouvement soudain qui prouvait l'intérêt que tous ceux qui étaient présens prenaient à la poursuite de cette affaire et la confiance avec laquelle ils en attendaient le résultat.

Sir Patrice Charteris songea alors à se rendre auprès du roi pour lui demander la permission de procéder à une enquête sur le meurtre d'Olivier Proudfute, conformément à l'usage du Droit de cercueil, et, s'il était nécessaire, par l'épreuve du combat.

Il remplit ce devoir aussitôt après la séparation du conseil, dans une audience particulière qu'il eut du roi, qui éprouva une vive contrariété en apprenant cette nouvelle catastrophe, et qui dit à sir Patrice de venir le lendemain matin après la messe avec les parties intéressées le trouver dans son conseil, où il leur donnerait réponse. En attendant, un poursuivant du roi fut envoyé au logement du connétable pour demander la liste des gens de sir John Ramorny, et pour lui enjoindre à lui et à toute sa suite, sous des peines sévères, de rester dans Perth jusqu'à ce que le roi leur eût fait connaître sa volonté.

CHAPITRE XXI.

« Au nom du ciel, faites préparer la lice et tout ce qu'il
» faut; et qu'ils vident leur querelle. — Dieu défende la
» bonne cause ! »

SHAKSPEARE. *Henry IV*, partie II

Dans la même chambre de conseil du palais des Dominicains, le roi Robert était assis avec son frère Albany, dont l'austérité affectée, et l'artificieuse dissimulation, exerçaient une si puissante influence sur le faible monarque. Il était naturel, en effet, qu'un prince qui voyait rarement les choses sous leurs couleurs réelles, les envisageât d'après le jour sous lequel elles lui étaient présentées par un homme hardi et astucieux revêtu des droits que donne une si proche parenté.

Toujours tremblant pour son malheureux fils, qui était égaré par de perfides conseils, le roi s'efforçait alors de faire partager à Albany son opinion, que Rothsay n'était pour rien dans la mort du bonnetier, événement dont sir Patris Charteris avait laissé le procès-verbal entre les mains de Sa Majesté, pour qu'elle pût l'examiner.

— C'est une malheureuse affaire, mon frère Robin, dit-il, très-malheureuse en vérité; et elle ne tend à rien moins qu'à mettre le trouble et la discorde ici, entre le peuple et la noblesse, comme cela est advenu dans tant de provinces éloignées. Je ne vois dans tout ceci qu'un sujet de consolation, et c'est que, sir John Ramorny ayant été renvoyé de la maison du duc de Rothsay, on ne pourra point dire que lui ou ceux de ses gens qui ont commis ce meurtre (s'il est vrai qu'il ait été commis par eux), y aient été excités ou autorisés par mon pauvre Robin. Assurément, mon frère, nous pouvons attester l'un et l'autre avec quelle facilité il consentit, sur ma demande, à renvoyer Ramorny de son service, à cause de cette échauffourée de Curfew-Street.

— Je m'en souviens en effet, dit Albany, et j'espère vivement que les liaisons qui existaient entre le prince et Ramorny n'ont pas été renouées depuis qu'il a paru accéder aux désirs de Votre Grace.

— A paru accéder? — Liaisons renouées? dit le roi; que voulez-vous faire entendre par ces expressions, mon frère? Certes, lorsque Robin me promit que, si cette malheureuse affaire de Curfew-Street était étouffée, il se séparerait de Ramorny, puisqu'on croyait que ses conseils pourraient l'entraîner dans de pareilles folies, et qu'il consentirait à ce qu'il fût envoyé en exil, ou qu'il subît telle autre punition qu'il nous plairait de lui infliger; certes, vous ne sauriez douter que ses protestations ne fussent sincères, et qu'il ne voulût garder sa parole? Ne vous souvenez-vous pas, que lorsque vous conseillâtes, au lieu de bannir Ramorny, de lever une forte amende sur ses domaines du comté de Fife, le prince lui-même parut dire que l'exil vaudrait mieux pour Ramorny, ainsi que pour lui-même?

— Je m'en souviens parfaitement, mon auguste frère; non, certes, je n'aurais pu croire que Ramorny eût tant d'influence sur l'esprit du prince, après avoir contribué à le mettre dans une situation si critique; lorsque mon noble neveu lui-même fit cet aveu dont Votre Majesté vient de parler, en disant que si Ramorny était toléré à la cour, il pourrait bien encore diriger sa conduite. Je regrettai alors d'avoir conseillé de commuer le bannissement en une amende. Mais ce temps est passé, et maintenant il est arrivé une catastrophe qui met en péril Votre Majesté, son auguste héritier et tout le royaume.

— Que voulez-vous dire, Robin? s'écria le faible monarque. — Par la tombe de nos pères, par l'ame de Bruce, notre immortel aïeul, je vous conjure, mon très-cher frère, de prendre pitié de moi. Dites-moi quels malheurs menacent mon fils ou mon royaume?

Les traits du roi, tremblant d'inquiétude, et ses yeux remplis de larmes, étaient fixés sur son frère, qui parut réfléchir quelques instans avant de répondre.

— Milord, je vais vous le dire. Votre Grace croit que le prince n'est pour rien dans ce second attentat contre les citoyens de Perth, dans le meurtre de ce bonnetier, pour lequel ils crient autant qu'une bande de mouettes, lorsqu'un de ces oiseaux braillards est abattu par la flèche d'un enfant.

— Leurs vies leur sont chères, à eux et à leurs amis, Robin, dit le roi.

— Oui, oui, milord; et ils savent aussi nous les rendre chères, lorsqu'il nous faut entrer en arrangement avec ces drôles pour la moindre égratignure. Mais, comme je disais, Votre Majesté croit que le prince n'a aucune part à ce dernier meurtre. Je ne chercherai pas à ébranler sa conviction sur ce point délicat, mais je m'efforcerai de croire comme elle; ce qu'elle fait est une règle pour moi. Robin d'Albany n'aura jamais d'autre opinion que Robin d'Écosse.

— Merci, merci, mon frère, dit le roi en lui serrant la main. Je savais que je pouvais compter que votre affection rendrait justice à cet étourdi de Rothsay qui s'expose par sa conduite à tant de fausses interprétations, qu'il mérite à peine les sentimens que vous avez pour lui.

Albany avait un sang-froid et une fermeté si imperturbables qu'il put serrer affectueusement à son tour la main du roi, pendant qu'il cherchait à détruire les espérances du bon et indulgent vieillard.

— Mais, hélas! ajouta le duc en soupirant, cet ours intraitable, le chevalier de Kinfauns, et toute sa bande de bourgeois criards, ne verront pas l'affaire comme nous. Ils ont le front de dire que ce drôle qui est mort avait été maltraité par Rothsay et ses compagnons, qui couraient les rues en habits de masques, arrêtant les hommes et les femmes, les forçant à danser, ou à boire une énorme quantité de vin, et mille autres folies qu'il est inutile de raconter; et ils disent que toute la troupe se dirigea vers la maison de sir John Ramorny, où elle se précipita en désordre, pour y compléter ses orgies; donnant ainsi tout lieu de croire que le renvoi de sir John du service du prince n'était qu'un stratagème inventé pour tromper le public. Et de là ils concluent, que, s'il y a eu quelque dessein de nuire cette nuit par sir John Ramorny ou par ses gens, il est fort à croire que le duc de Rothsay en a eu tout au moins connaissance, s'il ne l'a pas autorisé.

— Albany, c'est affreux, dit le roi. Voudraient-ils faire un assassin de mon enfant? Prétendraient-ils que mon fils a pu tremper ses mains dans le sang écossais, sans provocation, sans motif? Non, non, ils ne sauraient inventer des calomnies aussi palpables, aussi grossières; car personne n'y ajouterait foi.

— Pardon, sire, répondit le duc d'Albany; ils disent que le sujet de la querelle qui occasiona l'émeute de Curfew-Street, et les conséquences qu'elle eut, concernaient plus le prince que sir John; puisque personne ne soupçonne, et à plus forte raison ne croit, que cette belle équipée n'eut lieu que pour le plaisir du chevalier de Ramorny.

— Tu me rendras fou, Robin, s'écria le roi.

— Je me tairai, répondit son frère; je n'ai fait qu'exprimer mon humble avis, comme Votre Majesté me l'avait ordonné.

— Tes intentions sont bonnes, je le sais, dit le roi; mais au lieu de me déchirer le cœur en me montrant des malheurs effroyables, ne serait-il pas mieux à toi, Robin, de m'indiquer quelque moyen de les éviter?

— Il est vrai, sire; mais comme la seule chose qui se présente est pénible et difficile, il est nécessaire qu'avant tout Votre Grace soit bien pénétrée de l'indispensable nécessité d'y avoir recours, avant que je crois devoir vous la décrire. Le chirurgien doit commencer par convaincre son patient qu'il n'y a aucun moyen de guérir un membre gangrené, avant de se hasarder à conseiller l'amputation, quoique ce soit le seul remède.

Robert, à ces paroles, manifesta un degré d'alarme et d'indignation dont son frère ne l'avait pas cru susceptible.

—Membre gangrené! lord d'Albany? L'amputation, le seul remède! Ce sont des paroles que je ne comprends pas, milord. Si tu les appliques à notre fils Rothsay, il faut que tu les justifies de la manière la plus satisfaisante; autrement tu pourrais te repentir cruellement de les avoir proférées.

—Vous prenez ce que je disais trop au pied de la lettre, mon auguste maître, dit Albany. Ce n'était pas du prince que j'aurais voulu parler en des termes si inconvenans; car je prends le ciel à témoin qu'il m'est plus cher, comme le fils d'un frère bien-aimé, que s'il eût été mon propre fils. Mais je voulais parler de la nécessité de l'éloigner des folies et des vanités de la vie, que les saints hommes comparent à des membres gangrenés, qu'il faut avoir la force de trancher et de jeter loin de nous, comme des obstacles qui nous empêchent d'avancer dans la vertu...

—Je comprends, dit le monarque un peu rassuré.

—Tu voudrais que ce Ramorny, qu'on regarde comme l'instrument des folies de mon fils, fût exilé de la cour, jusqu'à ce que ces malheureuses affaires soient assoupies, et nos sujets disposés à regarder mon fils d'un autre œil et avec plus de confiance?

—Ce serait sans doute très-bien vu, sire; mais je

pensais qu'il faudrait quelque chose, bien peu de chose de plus; oui, il faudrait, ce me semble, que le prince lui-même s'éloignât pour un peu de temps de la cour.

— Comment, Albany! que je me sépare de mon enfant, de mon premier-né, de la lumière de mes yeux, et, tout extravagant qu'il est, du bien-aimé de mon cœur! — Oh! Robin, je ne le puis, je ne le pourrai jamais.

— Sire, ce n'était qu'une simple suggestion. Je sens tout ce qu'un père doit souffrir d'en être réduit à une pareille mesure, car ne suis-je point père aussi? Et il laissa tomber sa tête dans un morne accablement.

— Je n'y survivrai point, Albany. Quand je pense que l'influence que nous avons sur lui, influence qui, quoique parfois oubliée dans notre absence, est toujours efficace lorsqu'il est avec nous, se trouverait entièrement détruite par votre projet, à quels périls ne serait-il pas exposé? Je ne saurais fermer l'œil lorsqu'il ne serait plus près de moi; je croirais que chaque brise m'apporte son dernier soupir; et vous, Albany, quoique vous sachiez même le cacher, vous seriez presque aussi inquiet que moi.

Ainsi parla le facile monarque, cherchant à se concilier son frère et à se tromper lui-même en ne paraissant point douter qu'il ne régnât entre l'oncle et le neveu une affection dont il n'y avait aucune trace.

— Votre sollicitude paternelle s'alarme aisément, sire, dit Albany. Je ne propose point de laisser au caractère fougueux du jeune prince la libre disposition de ses mouvemens. Je comprends que mon neveu soit soumis pendant un court espace de temps à quelque contrainte salutaire, qu'il soit confié aux soins de quelque grave conseiller, qui répondra de sa conduite et de ses jours, et qui veillera sur lui, comme un tuteur sur son pupille.

— Comment! un tuteur? à l'âge de Rothsay? s'écria le roi. Il a dépassé de deux ans le terme que nos lois assignent à la minorité.

— Les Romains plus sages, dit Albany, le prolongeaient de quatre ans plus que nous; et si l'on consulte la raison, le droit de contrôle doit être exercé jusqu'à ce qu'il ne soit plus nécessaire, de sorte que la durée doit en varier suivant le caractère. Voilà le jeune Lindsay, le comte de Crawford, qui, dit-on, prête son appui à Ramorny pour ce défi. — Il n'a que quinze ans, et déjà il a les passions fougueuses et la détermination fixe d'un homme de trente; tandis que mon auguste neveu, doué de qualités beaucoup plus aimables et beaucoup plus nobles, montre quelquefois, à l'âge de vingt-trois ans, les bouillans caprices d'un enfant pour lequel un peu de contrainte n'est que bienveillance. — Et ne regrettez pas qu'il en soit ainsi, milord, et ne vous fâchez point contre votre frère, s'il vous dit la vérité, puisque les meilleurs fruits sont ceux qui sont les plus lents à mûrir, et les meilleurs chevaux ceux qui donnent le plus de peine aux écuyers qui les dressent pour la lice ou pour les combats.

Le duc s'arrêta, et après avoir laissé pendant deux ou trois minutes le roi Robert se livrer à une rêverie qu'il n'essaya point d'interrompre, il ajouta d'un ton plus enjoué : — Mais rassurez-vous, sire; peut-être cette affaire pourra-t-elle s'arranger sans tant de difficultés et sans de nouveaux combats. La veuve est pauvre, car son mari, quoiqu'il eût beaucoup de pratiques, aimait à s'amuser et dépensait beaucoup d'argent; il se peut qu'avec de l'argent on parvienne à la contenter, et l'*assythment* (1) sera payé par Ramorny.

— Non, nous le paierons nous-même, dit le roi Robert, saisissant avidement l'espoir de voir se terminer à l'amiable ce pénible débat. Ramorny se trouvera assez puni par son renvoi de la cour et par la perte de sa place dans la maison de Rothsay; il serait peu généreux d'accabler un homme qui est tombé. Mais voici le prieur, notre secrétaire, qui vient nous dire que l'heure du conseil approche. Bonjour, mon digne père.

— Que le Seigneur soit avec vous, mon digne maître, répondit l'abbé.

— Eh bien! dit le roi, sans attendre l'arrivée de Rothsay, qui, nous le garantissons d'avance, approuvera ce que nous aurons décidé, nous allons nous occuper des affaires de notre royaume. Quelles nouvelles avons-nous de Douglas?

— Il est arrivé à son château de Tantallon, et il a envoyé un courrier dire que quoique le comte de March, dans son humeur sombre, se tienne à l'écart dans sa forteresse de Dunbar, ses amis et ses partisans se rassemblent et forment un camp près de Coldingham, où l'on suppose qu'ils comptent attendre l'arrivée d'un corps nombreux d'Anglais qu'Hotspur et sir Ralph Percy réunissent sur les frontières d'Angleterre.

— Voilà d'assez tristes nouvelles, dit le roi, et que Dieu pardonne à George Dunbar! Le prince entra

---

(1) Amende en expiation du sang versé, due aux plus proches parents de la victime. — Éd.

comme il parlait, et il continua : — Ah! te voilà enfin, Rothsay ; je ne t'ai pas vu à la messe.

— J'ai été paresseux ce matin, dit le prince ; j'ai passé une nuit si agitée, avec la fièvre...

— Ah! fou que tu es! répondit le roi, si tu ne t'étais pas tant agité le mardi-gras, tu n'aurais pas eu la fièvre la nuit du mercredi des cendres.

— Que je n'interrompe pas vos oraisons, sire, dit le prince d'un ton léger; Votre Grace invoquait le ciel pour quelqu'un, un ennemi sans doute, car ce sont ceux qui ont le plus souvent part à vos prières.

— Allons, asseyez-vous et taisez-vous, tête folle! dit son père, tandis que son regard s'arrêtait en même temps sur la belle figure et le maintien gracieux de son fils. Rothsay tira un coussin près des pieds de son père, et il s'y jeta nonchalamment pendant que le roi reprenait :

— Je regrettais que le comte de March, qui me quitta en faisant de si grandes protestations de dévouement lorsque je lui promis qu'il recevrait satisfaction sur tous les points dont il se plaignait, eût été capable de comploter avec Northumberland contre son propre pays. Est-il possible qu'il ait douté de notre intention de tenir notre parole ?

— Je répondrai pour lui, dit le prince : — Non, March n'a jamais douté de la parole de Votre Grace ; mais il a bien pu douter que vos doctes conseillers vous permissent de la tenir.

Robert III avait adopté et poussait très-loin le système prudent et timide de ne point paraître entendre des expressions qui auraient exigé, même à ses yeux, qu'il manifestât quelque mécontentement. Il continua donc son discours sans faire attention à l'interruption de son fils ; mais au fond la témérité de Rothsay augmentait le mécontentement que son père commençait à nourrir contre lui.

— Je suis bien aise que Douglas soit sur les frontières, dit le roi ; son corps, comme celui de ses ancêtres, a toujours été le meilleur boulevard de l'Écosse.

— Alors, malheur à nous s'il vient à tourner le dos! dit l'incorrigible Rothsay.

— Osez-vous mettre en doute le courage de Douglas? dit le roi exaspéré.

— Personne ne peut mettre en doute le courage du comte, dit Rothsay, il est incontestable comme son orgueil; mais il est permis de douter de son bonheur, ou bien c'est à tort que les annales de sa maison lui ont donné le surnom de Malencontreux (1).

— Par saint André! Robin! s'écria son père, tu es comme un chat-huant, tu ne dis pas un mot qui ne soit un présage de malheurs.

— Je reste muet, mon père, répondit le jeune homme.

— Et quelles nouvelles de nos troubles des Highlands? continua le roi en s'adressant au prieur.

— Je me flatte qu'elles ont pris un aspect favorable, répondit le prêtre. Le feu qui menaçait de consumer tout le pays va probablement être éteint par le sang de quarante à cinquante de ces montagnards; car les deux grands clans sont convenus solennellement de vider leurs querelles avec telles armes qu'il plaira à Votre Grace de désigner, et en votre présence royale,

---

(1) *Tine-Man* ou *Lose-Man*. — Éd.

dans tel lieu qui leur sera indiqué, le 30 mars prochain, qui est le dimanche des Rameaux; le nombre des combattans devant être limité à trente de chaque côté, et le combat devant être à toute outrance, attendu qu'ils supplient humblement Votre Majesté de vouloir bien consentir, avec cette bonté qui la caractérise, à suspendre pour ce jour-là son privilège royal d'interrompre le combat en jetant son sceptre ou en criant:
— Assez! jusqu'à ce que le combat soit entièrement terminé.

— Les barbares! s'écria le roi; veulent-ils restreindre notre plus beau, notre plus noble privilège, celui d'arrêter l'effusion du sang et de mettre fin à un combat? Veulent-ils détruire le seul motif qui pourrait me décider à être témoin de leur affreuse boucherie? Veulent-ils se battre en hommes, ou bien comme les loups de leurs montagnes?

— Milord, dit Albany, le comte de Crawford et moi nous avions pris sur nous, avant d'avoir pu vous consulter, d'accorder cette demande, et de faire une concession que des raisons impérieuses semblaient commander.

— Comment! le comte de Crawford! dit le roi; il me semble que c'est un conseiller bien jeune pour d'aussi graves circonstances.

— Malgré son âge, répondit Albany, il jouit d'une telle estime parmi ses voisins des Highlands, que sans son aide et son influence toutes mes démarches auprès d'eux auraient été sans succès.

— Entendez-vous, jeune Rothsay? dit le roi à son fils d'un ton de reproche.

— Je plains Crawford, sire, répondit le prince; il a

perdu trop tôt un père dont les conseils auraient pu lui être utiles.

Le roi jeta sur Albany un regard de triomphe en entendant cette réponse où se manifestait l'affection d'un fils.

Albany reprit sans montrer d'émotion : — Ce n'est pas la vie de ces montagnards, c'est leur mort qui importe à la tranquillité de l'Écosse, et voilà pourquoi il nous semblait à désirer, au comte de Crawford et à moi, que le combat fût un combat d'extermination.

— Certes, dit le prince, si telle est à présent la politique du jeune Lindsay, ce sera un Chef bien compatissant dans une douzaine d'années ! Fi d'un enfant qui a le cœur endurci avant d'avoir du poil au menton ! Il ferait mieux de se contenter de faire battre des coqs le mardi-gras, que de se creuser la tête pour faire massacrer des hommes le dimanche des Rameaux, comme s'il était intéressé dans un combat d'animaux où il faut que tous se battent jusqu'à la mort.

— Robin a raison, Albany, dit le roi ; il serait indigne d'un monarque chrétien de céder sur ce point. Je ne saurais consentir à voir des hommes se battre jusqu'à ce qu'ils soient tous assommés l'un après l'autre, comme des agneaux à la boucherie. Ce spectacle me ferait mal, et le sceptre tomberait de mes mains privées de leur force.

— Mais il tomberait sans qu'on y prît garde, dit Albany ; permettez-moi de faire observer à Votre Grace qu'elle ne fait que renoncer à un privilège qui, si elle l'exerçait, ne lui attirerait aucun repos, puisqu'il ne commanderait pas l'obéissance. Si Votre Majesté jetait son sceptre dans le fort du combat, lorsque le sang de ces montagnards fermente et bouillonne, il ne produirait pas plus d'effet que si un moineau laissait tomber au milieu d'une troupe de loups qui se déchirent le brin de paille qu'il portait à son nid. Ils ne s'arrêteront que lorsqu'il n'y aura plus de sang à répandre; et ne vaut-il pas mieux que ce sang soit versé par les mains les uns des autres que par les troupes qui, d'après vos ordres, pourraient essayer de les séparer? S'ils voyaient employer la force pour rétablir la paix parmi eux, ils soupçonneraient que quelque embuscade a été préparée contre eux; les deux partis se réuniraient pour se défendre : le carnage serait le même, mais l'espoir fondé de voir enfin la tranquillité renaître dans les Highlands serait détruit pour jamais.

— Ce que vous dites n'est que trop vrai, mon frère, dit le facile monarque; il sert à peu de chose de donner un ordre que je ne puis faire exécuter : et quoique malheureusement ce soit ce qui m'arrive chaque jour de ma vie, il serait inutile de donner à la foule qui s'assemblera pour contempler ce spectacle un exemple aussi public de l'impuissance de son roi. Que ces sauvages s'entre-déchirent donc tant qu'ils le voudront, je ne tenterai point d'arrêter ce que je ne saurais les empêcher d'accomplir. Le ciel prenne pitié de la malheureuse Écosse! Je vais me retirer dans mon oratoire et prier pour elle, puisqu'il ne m'est point permis de l'aider autrement. Digne prieur, je réclame l'appui de votre bras.

— Un instant, mon frère, dit Albany; permettez-moi de vous rappeler que nous avons une affaire à juger entre les citoyens de Perth et Ramorny au sujet de la mort d'un bourgeois.

— Il est vrai, il est vrai, dit le monarque en se laissant retomber sur son siège; — encore de la violence, encore des combats! — O Écosse! Écosse! si le sang le plus pur de tes braves enfans pouvait féconder ton sol aride, quelle terre dans le monde serait plus fertile que toi! Quand donc verra-t-on blanchir la barbe d'un Ecossais, à moins que ce ne soit celle de quelque misérable comme ton souverain, que sa faiblesse ne protège contre le meurtre que pour qu'il soit témoin des scènes de carnage auxquelles il n'a pas le pouvoir de mettre fin? — Qu'ils entrent : ne les faites point attendre; il leur tarde de verser du sang, de se disputer l'un à l'autre chaque souffle d'air que leur dispense la bonté de leur Créateur. Le démon du carnage est déchaîné sur tout le pays!

A peine ce faible mais bon monarque s'était-il assis d'un air d'impatience et de mécontentement qui ne lui était pas très-ordinaire, que la porte qui était au fond de la salle s'ouvrit, et l'on vit s'avancer de la galerie sur laquelle elle donnait, et où se montrait en perspective un détachement de *Brandanes* sous les armes, la veuve du pauvre Olivier, à laquelle sir Patrice Charteris donnait la main avec autant de respect que si c'eût été une dame de la première distinction. Derrière elle venaient deux matrones respectables, femmes de magistrats de la ville, toutes deux vêtues de robes de deuil, l'une portant l'enfant qui n'était point encore sevré, l'autre conduisant celui qui marchait à peine. L'armurier suivait, paré de ses plus beaux habits, et portant par-dessus son justaucorps de buffle une écharpe de crêpe noir. Le bailli Craigdallie et un magistrat son confrère, portant également des emblèmes de deuil, fermaient le cortège.

L'accès d'humeur du bon roi se dissipa du moment qu'il eut jeté les yeux sur les traits pâles de la pauvre veuve et sur les innocens orphelins, trop jeunes pour sentir la perte qu'ils avaient faite. Lorsque sir Patrice Charteris eut aidé Madeleine Proudfute à s'agenouiller, et que sans quitter sa main il eut lui-même mis un genou en terre, ce fut d'un ton de compassion que le roi Robert demanda à la triste veuve son nom et ce qui l'amenait. Elle ne répondit point, mais murmura quelques mots en regardant son conducteur.

— Parlez pour cette pauvre femme, sir Robert Charteris, dit le roi, et apprenez-nous le motif qui l'amène devant nous.

— Sous votre bon plaisir, milord, répondit sir Patrice en se levant, cette femme et ces malheureux orphelins viennent porter plainte devant Votre Majesté contre sir John Ramorny de Ramorny, chevalier, parce que, soit par lui-même ou par quelqu'un des siens, son mari Olivier Proudfute, homme libre et bourgeois de Perth, a été tué dans les rues de la ville le soir du mardi-gras ou le matin du mercredi des cendres.

— Femme, répondit le roi du ton le plus affable, la douceur est de ton sexe, et ton malheur doit t'apprendre la pitié; car nos infortunes nous rendent compatissans, et les plus malheureux sont souvent les plus indulgens pour les autres. Ton mari n'a fait que franchir le passage qu'il nous faut tous affronter.

— Votre Majesté voudra bien se rappeler, sire, dit la veuve, que pour lui ce passage a été court et sanglant.

— Je conviens qu'il n'a pas été bien partagé. Mais puisque je n'ai pu le protéger, comme j'avoue que c'était mon devoir, je suis prêt, en expiation, à pourvoir à vos besoins et à ceux de ces orphelins, aussi bien et mieux que votre mari ne pouvait le faire. Seulement désistez-vous de cette accusation, et ne soyez pas cause qu'il y ait encore du sang répandu. Rappelez-vous que je vous donne à choisir entre écouter la pitié et poursuivre la vengeance, et en même temps entre l'abondance et la pauvreté.

— Il est vrai, sire, nous sommes pauvres, répondit la veuve avec une fermeté inébranlable ; mais mes enfans et moi, nous chercherons plutôt notre nourriture comme les plus vils animaux, que de vivre du prix du sang de mon mari. Je demande le combat par mon champion, comme vous êtes chevalier ceint du baudrier et roi couronné.

— Je savais qu'il en serait ainsi ! dit le roi à l'oreille d'Albany ; en Écosse les premiers mots que l'enfant bégaie, les derniers que prononce le vieillard mourant, sont : Combat, sang, vengeance ! Il serait inutile d'insister davantage; faites entrer les défendans.

Sir John Ramorny entra dans l'appartement. Il était revêtu d'une longue robe fourrée! telle que les gens de qualité en portaient lorsqu'ils étaient sans armes. Son bras blessé, caché par des plis adroitement ménagés, était soutenu par une écharpe de soie cramoisie, et de l'autre il s'appuyait sur un jeune homme qui, à peine sorti de l'enfance, portait déjà sur son front l'empreinte précoce de pensées profondes et de passions fougueuses. C'était ce célèbre Lindsay, comte de Crawford, qui par la suite mérita d'être surnommé le Comte tigre, et qui exerça dans la grande et riche vallée de Strathmore le pouvoir absolu et les cruautés sanglantes du plus farouche tyran.

Deux ou trois gentilshommes, amis du comte ou les siens, étaient venus prêter dans cette occasion l'appui de leur présence à sir John Ramorny. L'accusation fut reproduite, et repoussée par un désaveu formel de la part de l'accusé? et en réplique, les demandeurs offrirent de prouver leur assertion par l'épreuve du *droit de cercueil.*

— Je ne suis pas tenu de me soumettre à cette épreuve, répondit sir John Ramorny, puisque je puis prouver, par le témoignage du prince mon ancien maître, qu'au moment où le prévôt et les baillis prétendent que je commettais un crime où rien ne me portait, et auquel je ne songeais nullement, j'étais chez moi, malade et dans mon lit. Aucun soupçon ne peut donc s'attacher à moi.

— Je puis attester, dit le prince, que je vis sir John Ramorny, et je causai avec lui de quelques affaires concernant ma maison, la nuit même où ce meurtre se commettait. Aussi sais-je qu'il était effectivement malade, et qu'il n'a pu commettre en personne le crime en question. Mais je ne sais point ce que faisaient ses gens, et je ne prendrai pas sur moi de dire qu'il ne se peut pas que l'un d'eux soit l'auteur du crime dont ils sont accusés.

Pendant les premières paroles de ce discours, sir John Ramorny avait promené autour de lui un regard de triomphe et d'arrogance; mais les derniers mots le déconcertèrent un peu. — Je remercie Votre Altesse, dit-il avec un sourire, du témoignage restreint et circonspect qu'elle rend en ma faveur. Il était sage celui qui a écrit : — Ne comptez pas sur les princes.

— Si vous n'avez d'autre preuve à fournir de votre

innocence, sir John Ramorny, dit le roi, nous ne pouvons pas, en ce qui concerne vos gens, refuser à la veuve et aux orphelins ici plaignans l'épreuve du droit de cercueil, à moins que l'un d'eux ne préfère le combat. Quant à vous personnellement, vous êtes, d'après le témoignage du prince, affranchi de tout soupçon.

— Sire, répondit sir John, je puis me porter caution de l'innocence de mes gens, et de tout ce qui dépend de moi.

—Voilà ce que pourrait dire au moins une femme, repartit sir Patrice. Mais pour parler en chevalier, veux-tu, sir John Ramorny, te battre contre moi pour défendre tes gens ?

— Le prévôt de Perth n'aurait pas eu le temps de prononcer le mot combat, dit Ramorny, avant que je l'eusse accepté. Mais je ne suis pas à présent en état de tenir une lance.

—Excusez-moi, sir John, si je dis que j'en suis bien aise, dit le roi. Ce sera toujours un peu de sang qui coulera de moins. Il faudra donc que tous les gens de votre maison, conformément aux registres de votre intendant, se présentent dans la grande église de Saint-Jean, afin qu'en présence de toutes les personnes intéressées, ils se disculpent de cette accusation. Ayez soin qu'ils comparaissent tous à l'heure de la grand'-messe ; autrement ce serait une tache ineffaçable pour votre honneur.

— Ils se présenteront tous jusqu'au dernier, dit sir John Ramorny. A ces mots il s'inclina respectueusement devant le roi, et se tournant vers le jeune duc de Rothsay, il lui fit un profond salut, et lui dit de manière à n'être entendu que de lui seul : — Vous m'avez traité généreusement, milord! Un seul mot de votre bouche aurait pu terminer cette affaire, et vous avez refusé de le prononcer!

— Sur ma vie, répondit le prince du même ton, j'en ai dit autant que le permettaient les limites les plus larges de la vérité et de la conscience. Je pense que tu ne t'attendais pas que j'inventerais pour toi des mensonges; et, après tout, John, dans le souvenir confus qui me reste de cette nuit-là, je me rappelle certain muet, vraie figure de bourreau, avec une hache courte à la main, qui avait tout l'air d'un homme qui aurait bien pu avoir fait le coup en question. Ah! aurais-je touché juste, sire chevalier?

Ramorny ne répondit rien; mais il se détourna précipitamment comme si quelqu'un lui eût pressé tout à coup son bras endolori, et il regagna sa maison avec le comte de Crawford, auquel, quelque peu disposé qu'il fût à figurer dans un festin, il se vit obligé d'offrir une collation splendide, pour le remercier de l'appui que le jeune seigneur lui avait prêté par sa présence.

CHAPITRE XXII.

Lorsque après un banquet dont la durée parut éternelle au chevalier blessé, le comte de Crawford remonta enfin à cheval pour retourner à son gîte éloigné dans le château de Dupplin, où il résidait à titre d'hôte, le chevalier se retira dans son appartement, tourmenté à la fois par de vives souffrances et de cuisans soucis; il y trouva Henbane Dwining, et son triste destin le faisait dépendre de lui pour les secours et les consolations dont il avait besoin sous un double rapport. Le médecin, en affectant son humilité ordinaire, témoigna l'espoir qu'il voyait son noble patient heureux et content.

— Heureux comme un chien enragé! dit Ramorny, content comme le misérable que la bête a mordu et qui commence à sentir les approches du mal qui doit le dévorer. Ce jeune garnement voyait ma souffrance, et il n'a voulu rien faire pour me soulager. Il faudra que je lui rende justice! Si je la lui avais rendue, à lui et à tout le monde, je l'aurais précipité par la fenêtre, et j'aurais mis fin à une existence qui, s'il continue comme il a commencé, deviendra une source de malheurs pour toute l'Écosse, mais surtout pour cette rive-ci du Tay. — Prenez garde en ôtant la ligature, chirurgien ; une mouche qui toucherait de son aile cette plaie enflammée, me donnerait comme mille coups de poignard.

— Ne craignez rien, mon noble patron, dit l'apothicaire avec un ricanement qu'il chercha en vain à déguiser sous un ton de sensibilité affectée ; nous allons appliquer un nouveau baume adoucissant, et... eh! eh! eh! nous ferons cesser l'irritation que Votre Honneur supporte avec tant de courage.

— Avec tant de courage, drôle! dit Ramorny, à qui la douleur faisait grincer les dents, je la supporte comme je supporterais les flammes du purgatoire ; on dirait que l'os est un fer brûlant ; ton onguent huileux va siffler en tombant sur la blessure... Et cependant c'est de la glace de décembre auprès de la fièvre dont mon esprit est dévoré.

— Nous essaierons d'abord l'efficacité de nos émolliens sur le corps, mon noble patron, dit Dwining ; et ensuite, si vous voulez bien le permettre, votre serviteur verra si son art peut quelque chose sur l'esprit agité, quoique j'aie tout lieu d'espérer que la peine mentale tient aussi en partie à l'irritation de la blessure ; et du moment que les souffrances seront adoucies, ce qui, je m'en flatte, ne sera pas long, peut-être les orages de l'ame se calmeront d'eux-mêmes.

— Henbane Dwining, dit le patient lorsqu'il sentit en effet diminuer la douleur que lui causait sa blessure, tu es un docteur précieux, un docteur inappréciable, mais il est des choses au-dessus de ton art. Tu peux rendre mon corps insensible à cette agonie déchirante, mais tu ne saurais m'apprendre à supporter le mépris de l'enfant que j'ai élevé, que j'aimais, Dwining! car je l'aimais!... oui, je l'aimais tendrement! C'est pour flatter ses vues que j'ai commis mes plus infames actions, et il me refuse un mot de sa bouche, lorsqu'un seul mot eût pu tout arranger; et il a souri, oui, j'ai vu un sourire sur ses lèvres lorsque ce maudit prévôt, le compagnon et le protecteur de misérables bourgeois, m'a défié, moi que ce prince sans pitié savait être hors d'état de porter les armes. Avant que je l'oublie ou que je le lui pardonne, tu prêcheras toi-même le pardon des injures. Mais songeons à demain: crois-tu, Henbane Dwining, que les blessures de l'homme assassiné s'ouvriront réellement, et qu'elles verseront des larmes de sang à l'approche du meurtrier?

— Je ne saurais, milord, vous l'assurer autrement que par le bruit public qui garantit le fait, répondit Dwining.

— Cette brute de Bonthron, dit Ramorny, s'effraie à cette idée, et il dit qu'il préfèrerait le combat. — Qu'en penses-tu? Il manie bien le fer.

— C'est le métier de l'armurier de le manier toute la journée, répondit Dwining.

— Quand même Bonthron succomberait, je saurais m'en consoler, dit Ramorny, bien que je perdisse en lui une main qui m'est utile.

— Je crois sans peine que Votre Seigneurie s'en consolera plus vite que de celle qu'elle a perdue dans la dernière bagarre... eh! eh! eh! Excusez ma plaisanterie!

— Mais quelles sont les qualités de ce Bonthron?

— Celles d'un boule-dogue, répondit le chevalier; il déchire sans aboyer!

— Vous ne craignez point qu'il fasse d'aveux ? demanda le médecin.

— Qui pourrait dire ce que peut faire la crainte de la mort ? reprit Ramorny. Il a déjà montré une pusillanimité tout-à-fait contraire à la fermeté habituelle de son caractère ; lui qui voulait à peine se laver les mains après avoir tué un homme, craint à présent de voir saigner un corps mort.

— Eh! bien! dit le docteur, il faut que je fasse quelque chose pour lui, s'il est possible, puisque après tout ce fut pour servir ma vengeance qu'il frappa ce coup vigoureux, quoique, par malheur, il ne l'ait pas porté à celui auquel il était destiné.

— Et à qui la faute, timide coquin, dit Ramorny, si ce n'est à toi, qui indiquas un méchant daim pour un cerf dix-cors ?

— Bon dieu! noble chevalier, dit le médecin, voulez-vous que moi qui ne connais presque rien hors de mon art, je me connaisse en bois comme Votre Seigneurie, et que je sache distinguer un cerf d'un daim, une biche d'un chevreuil, dans une rue sombre, à minuit ? J'eus bien quelques doutes lorsque je vis l'individu passer rapidement devant nous, en costume de danseur, et se diriger vers la demeure de l'armurier ; je n'étais pas bien sûr que ce fût notre homme, il me paraissait moins grand. Mais lorsque je le vis sortir, après autant de temps qu'il lui en avait fallu pour changer d'accoutrement, et qu'il s'avança, casque en tête et affublé du justaucorps de buffle, en sifflant comme c'est l'usage de l'armurier, j'avoue que j'y fus pris, et que je lâchai sur lui le bouledogue de Votre Seigneurie, qui a fait son devoir en conscience, quoiqu'il se soit trompé de proie. Aussi, à moins que ce maudit Smith n'étende notre pauvre ami raide mort sur la place, je suis déterminé, si l'art y peut quelque chose, à tirer Bonthron de ce mauvais pas.

— Il faudra tout ton art en effet, savant docteur, dit Ramorny, et je crois que ce sera pour lui une rude épreuve; car apprends que si notre champion est vaincu, en supposant qu'il ne reçoive pas le coup de grace dans la lice, il en sera tiré par les talons, et sera, sans plus de cérémonie, hissé à la potence, comme convaincu de meurtre; et quand il y sera resté suspendu une heure ou deux, comme un gland de rideau, je doute que tu veuilles te charger de lui remettre le cou.

— Je suis d'un avis différent, n'en déplaise à Votre Seigneurie, répondit Dwining avec douceur. Je saurai bien le transporter du pied même de la potence dans le pays de la féerie, comme le roi Arthur, ou sir Huon de Bordeaux, ou Ogier-le-Danois; ou bien, si je le préfère, je le laisserai pendre au gibet un certain nombre d'heures ou de minutes, et alors je l'escamoterai aux yeux de tous, aussi facilement que le vent emporte la feuille desséchée.

— Ce sont de vaines fanfaronnades, sire docteur, reprit Ramorny. Toute la populace de Perth sera sur le lieu de l'exécution; tous plus avides les uns que les autres de voir mourir un homme attaché au service d'un seigneur, pour avoir tué un misérable bourgeois. Ils seront plus de mille autour de la potence.

— Et fussent-ils dix mille, s'écria Dwining, ne saurai-je pas, moi qui suis passé maître, moi qui ai étudié en Espagne, et même en Arabie; ne saurai-je pas tromper les yeux d'une foule ignare et stupide, lorsque le plus mince jongleur qui ait jamais fait des tours de passe-passe réussit à tromper même les regards malins de votre très-clairvoyante noblesse? Je vous dis que je leur donnerai le change, comme si je possédais l'anneau de Keddie (1).

— Si tu dis vrai, répondit le chevalier, et je ne pense pas que tu osasses te jouer de moi sur un pareil sujet, il faut que tu aies des intelligences avec Satan, et je ne veux rien avoir à démêler avec lui; — je le repousse et je le défie.

Dwining se livra à son gros rire étouffé, lorsqu'il entendit son patron défier ainsi l'esprit malin, et qu'il le vit en même temps faire le signe de la croix. Il se contint cependant, en voyant le front de Ramorny se rembrunir extrêmement, et il dit avec une gravité passable, quoique interrompue de temps en temps par les efforts qu'il lui fallait faire pour réprimer son humeur joyeuse:

— Les compères, très-noble chevalier, les compères sont l'ame de la jonglerie. Mais... eh! eh! eh! — Je n'ai pas l'honneur d'être... eh! eh!... l'allié du gentilhomme dont vous parlez, et à l'existence duquel je n'ajoute pas une foi extrêmement vive... eh! eh! quoique assurément Votre Seigneurie doive savoir mieux que moi à quoi s'en tenir.

— Achève, drôle, et dispense-toi de ces ricanemens qui autrement pourraient te coûter cher.

— Très-volontiers, intrépide chevalier, reprit Dwi-

---

(1) Talisman romantique qui avait les mêmes vertus que l'anneau classique de Gygès. — Éd.

ning. Apprenez donc que j'ai aussi mon compère ; sans quoi tout mon art me servirait à peu de chose.

— Et quel est-il, je vous prie ?

— Étienne Smotherwell (1), s'il plaît à Votre Honneur, *lockman* (2) de cette Belle Ville. Je m'étonne que Votre Seigneurie ne le connaisse pas.

— Et moi je ne m'étonne pas que tu le connaisses. Un drôle comme toi a dû avoir plus d'un rapport avec lui dans l'exercice de ses fonctions, reprit Ramorny ; pourtant, ton nez est encore en place, tes oreilles ne sont point déchirées, et si tu as quelque marque sur les épaules, tu as le bon esprit de porter un collet montant.

— Eh ! eh ! eh ! Votre Honneur plaisante, dit le médecin ; ce n'est point par suite de circonstance personnelle que j'ai fait la connaissance d'Étienne Smotherwell, mais à cause de certain trafic entre nous, dans lequel, ne vous déplaise, j'échange certaines sommes d'argent contre les corps, les têtes et les membres de ceux qui meurent par l'entremise de l'ami Étienne.

— Misérable ! s'écria le chevalier avec horreur, c'est pour composer des charmes et préparer d'infames sortilèges que tu trafiques de ces tristes débris de l'humanité.

— Eh ! eh ! eh ! non, non, s'il vous plaît, répondit le docteur, que l'ignorance de son patron amusait beaucoup ; mais nous qui sommes chevaliers du scalpel,

---

(1) *Smotherwell*, qui étouffe bien. — Tr.

(2) On donnait ce nom au bourreau, parce qu'un de ses privilèges consistait à prendre une petite poignée (en écossais, *lock*) de farine dans chaque boisseau exposé au marché. — Tr.

nous sommes dans l'usage de découper avec soin les membres de personnes défuntes, ce que nous appelons disséquer, afin de découvrir, par l'examen du membre mort, comment il faut traiter celui qui a encore un principe de vie, mais qu'un accident ou une maladie a presque mis hors de service. Ah! si Votre Honneur voyait mon pauvre laboratoire, je pourrais lui montrer des têtes et des mains, des pieds et des poumons, qu'on croit depuis long-temps tombés en pourriture ; le crâne de Wallace, dérobé sur le pont de Londres ; le cœur de sir Simon Fraser, qui n'a jamais craint ame qui vive ; le joli crâne de la belle Jeanne Logie. Oh! que n'ai-je eu le bonheur de pouvoir conserver également la main chevaleresque de mon très-honoré patron!

— Brisons là, insolent valet ! veux-tu me dégoûter avec ton catalogue d'horreurs. — Dis-moi tout de suite où tu en veux venir ; comment ton trafic avec un pendard de bourreau peut-il t'aider à me servir, ou à secourir Bonthron?

— C'est un expédient que je ne propose à Votre Seigneurie qu'en cas d'absolue nécessité, répondit Dwining. Supposons donc le combat fini, et notre coq battu. Le point essentiel est de le bien convaincre d'avance que s'il a le dessous, nous le sauverons du moins de la potence, pourvu qu'il ne fasse aucun aveu qui puisse compromettre Votre Honneur.

— Ah! et parbleu, il me vient une idée, dit Ramorny. — Oui, nous pouvons faire mieux encore ; nous pouvons placer dans la bouche de Bonthron un mot qui ne mettra pas dans un médiocre embarras celui que j'ai tout lieu de maudire pour avoir été la cause de mon infortune. Rendons-nous au chenil du boule-dogue, et expliquons-lui ce qu'il doit faire en prévoyant tous les cas. Si nous pouvons le décider à subir l'épreuve du droit de cercueil, ce n'est peut-être qu'une pure simagrée, alors nous sommes en sûreté. S'il préfère le combat, il est farouche comme l'ours que des chiens relancent, et il est possible qu'il triomphe de son adversaire; dans ce cas, nous sommes plus qu'en sûreté, nous sommes vengés. Si Bonthron lui-même est vaincu, nous aurons recours à ton expédient; et, si tu t'y prends avec adresse, nous pourrons dicter ses aveux, nous en prévaloir, comme je te l'expliquerai tout à l'heure, et faire un pas de géant dans la carrière si douce de la vengeance. — Cependant il reste encore un risque à courir. Supposons notre mâtin mortellement blessé dans la lice, qui empêchera qu'il ne grommèle quelque espèce de confession différente de celle que nous lui aurions dictée?

— Qui? — Eh! mais, son médecin, dit Dwining. Que je puisse le soigner, et mettre seulement un doigt sur sa blessure, et je vous réponds qu'il ne trahira pas vos secrets.

— Parbleu, voilà un coquin qui ne se fait pas prier pour rendre service! dit Ramorny.

— Comme le maître ne se fera pas prier pour accorder la récompense, ajouta Dwining.

— Allons faire la leçon à notre agent, reprit le chevalier; nous le trouverons très-docile, car tout limier qu'il est, il sait distinguer la main qui le nourrit de celle qui le maltraite, et il garde une profonde rancune à un mien maître, ou qui le fut du moins, pour quelque traitement injurieux et quelques expressions de mépris qu'il a sur le cœur. Il faut aussi que j'apprenne de toi comment tu t'y prendrais pour sauver notre bouledogue des mains de cette canaille de bourgeois.

Nous laisserons ce digne couple concerter leurs intrigues secrètes, dont nous verrons plus tard les résultats. Quoique composés d'élémens différens, ils étaient aussi bien accouplés pour imaginer et mettre à exécution de sinistres complots, que des chiens de chasse, dont les uns sont habiles à découvrir le gibier et à le faire lever, les autres à se jeter sur lui pour le détruire. L'orgueil et l'égoïsme les caractérisaient l'un et l'autre; seulement par suite de la différence de rang, d'éducation et de talens, ces vices se manifestaient chez eux de la manière la plus opposée.

Rien ne pouvait moins ressembler à la haute ambition du courtisan favori, du galant privilégié, du guerrier intrépide, que le petit apothicaire soumis et rampant, qui semblait rechercher les outrages et se faire un plaisir des affronts, tandis qu'au fond de l'ame il sentait que son esprit et ses connaissances lui assuraient une supériorité qui l'élevait bien au-dessus des seigneurs grossiers de ce temps. Henbane Dwining le savait si bien, que, comme un gardien de bêtes sauvages, il se hasardait quelquefois, pour son propre amusement, à exciter les passions fougueuses d'hommes tels que Ramorny, certain, avec son air d'humilité, d'éluder la tempête qu'il avait soulevée, comme un jeune Indien lance sans crainte son léger canot, que sa fragilité même garantit, sur des brisans redoutables, où un bâtiment plus solide serait infailliblement mis en pièces. Que le baron féodal méprisât l'humble apothicaire, c'était une chose toute simple; mais Ramorny n'en éprouvait pas moins l'influence que Dwining exerçait sur lui, et s'ils en venaient aux prises, il était presque toujours maté par lui, de même que les écarts les plus furibonds d'un cheval fougueux sont arrêtés par un enfant de douze ans, s'il entend l'art du manège. Dwining ne méprisait pas moins Ramorny, mais son mépris était bien moins équivoque. Il regardait le chevalier, en comparaison avec lui, comme s'élevant à peine au-dessus de la brute, en état sans doute d'opérer la destruction, comme le taureau avec ses cornes, ou le loup avec ses griffes, mais dominé par de vils préjugés, et sous l'empire des fraudes sacerdotales (1), nom sous lequel Dwining comprenait toute espèce de religion. En somme Ramorny à ses yeux était une créature que la nature lui avait assignée à titre de serf pour travailler à lui procurer l'or qui était son idole, et dont la passion était son plus grand faible, quoiqu'il s'en fallût que ce fût son plus grand vice. Il excusait ce penchant sordide à ses propres yeux en se persuadant qu'il prenait sa source dans l'amour du pouvoir.

— Henbane Dwining, se disait-il en regardant avec délices le trésor qu'il avait secrètement amassé, et qu'il visitait de temps en temps; Henbane Dwining n'est pas un stupide avare qui n'admire dans ces pièces d'or que leur lustre et leur éclat, c'est le pouvoir dont elles investissent celui qui les possède qui le fait les adorer ainsi. Qu'existe-t-il que leur influence magique ne puisse mettre à votre disposition? Aimez-vous les belles, et êtes-vous laid, difforme, vieux et infirme : voilà un hameçon auquel la plus fière beauté se prendra. Êtes-vous faible, sans appui, exposé à l'oppression : voilà

---

(1) Priestcraft. — Éd.

qui armera pour vous des défenseurs plus puissans que le petit tyran que vous craignez. Êtes-vous magnifique dans vos désirs, et voulez-vous étaler tout le luxe extérieur de l'opulence : cette petite cassette contient bien des collines et des prairies fertiles, bien des forêts remplies de gibier et des milliers de vassaux. Désirez-vous la faveur des cours, temporelles ou spirituelles, les sourires de monarques, le pardon de papes et de prêtres pour d'anciens crimes, et l'indulgence qui encourage à en commettre de nouveaux : tous ces pieux stimulans qui poussent au vice peuvent s'obtenir pour de l'or. La vengeance elle-même, que les dieux, dit-on, se réservent, parce qu'ils envient aux hommes un si friand morceau, la vengeance peut s'acheter l'or à la main. Mais on peut aussi se la procurer par la ruse et l'adresse, et c'est le plus noble moyen de l'obtenir. Je réserverai donc mon trésor pour d'autres usages, et j'accomplirai gratuitement ma vengeance, ou plutôt je joindrai le plaisir d'augmenter mes richesses à la douceur de me venger.

Telles étaient les pensées de Dwining, lorsqu'à son retour de chez sir John Ramorny, il ajouta à la masse l'or qu'il avait reçu pour ses différens services. Après avoir contemplé le tout pendant une ou deux minutes, il ferma soigneusement à clef son coffre-fort, et sortit pour aller faire ses visites à ses malades, cédant le côté du mur à tous ceux qu'il rencontrait, saluant, en ôtant son bonnet, le plus mince bourgeois qui tenait une petite boutique, et même le plus simple artisan qui ne gagnait son pain précaire qu'à la sueur de son front.

— Misérables, pensait-il au fond de son cœur en faisant ces saluts, êtres vils et bornés, si vous saviez ce que cette clef peut montrer à vos regards, quelle est la tempête du ciel qui pourrait vous empêcher de vous découvrir devant moi? Il n'est pas dans votre affreux taudis un chenil assez dégoûtant pour que vous hésitassiez à y tomber à genoux afin d'adorer le possesseur de tant de richesses. Mais je vous ferai sentir ma puissance, quoiqu'il me plaise de la cacher. Je serai comme un incube pour votre ville, puisque vous n'avez pas voulu de moi pour magistrat. Comme le cauchemar, je pèserai sur vous, sans cesser d'être invisible. Ce misérable Ramorny aussi, lui qui, en perdant sa main, a comme le pauvre artisan perdu la seule partie précieuse de son être, il accumule sur moi les propos outrageans, comme si rien de ce qu'il peut dire était capable d'intimider un esprit aussi ferme que le mien! Ah! lorsqu'il me traite de fripon, de scélérat, d'esclave, il agit aussi prudemment que s'il s'amusait à me tirer des cheveux de la tête, tandis que ma main tient les fibres de son cœur. Je puis me payer au moment même de chaque insulte, en lui infligeant quelque bonne peine physique et morale, et.... eh! eh! eh!... Il faut convenir que je ne reste pas beaucoup en arrière avec Sa Seigneurie.

Pendant que le médecin se livrait ainsi à ses réflexions diaboliques, et qu'il se glissait à sa manière le long de la rue, plusieurs voix de femmes se firent entendre derrière lui.

— Ah! le voilà, la sainte Vierge en soit bénie! — Voilà l'homme le plus secourable de Perth, dit une voix.

— Qu'on parle tant qu'on voudra de chevaliers et de rois pour redresser les torts, comme ils le disent; moi, qu'on me parle de notre digne apothicaire, maître Dwining, reprit une autre.

Au même moment, le docteur fut entouré et entraîné par les commères, bonnes femmes de la Belle Ville.

— Eh bien, qu'y a-t-il, demanda Dwining; quelle vache vient de vêler?

— Il ne s'agit point de vache, dit une des femmes, mais d'un pauvre enfant sans père qui se meurt; ainsi donc venez vite, car nous avons toute confiance en vous, comme disait Bruce à Donald des Iles.

— *Opiferque per orbem dicor*, dit Henbane Dwinning. Quelle est la maladie de l'enfant?

— Le croup! le croup! s'écria une des commères, le pauvre petit croasse comme un corbeau.

— *Cinanche trachealis*. C'est un mal qui va vite en besogne. Conduisez-moi à l'instant auprès de lui, dit le docteur, qui était dans l'habitude d'exercer sa profession libéralement, malgré son avarice innée, et humainement malgré sa malignité non moins naturelle. Son motif, puisque nous ne pouvons lui en supposer de meilleur, était sans doute la vanité et l'amour de son art.

Il eût néanmoins trouvé quelque prétexte pour ne pas aller donner ses soins dans le cas actuel, s'il avait su où les bonnes femmes le conduisaient, assez à temps pour préparer une excuse; mais avant qu'il soupçonnât où il allait, il fut entraîné précipitamment vers la maison d'Olivier Proudfute, d'où l'on entendait le chant des femmes qui ensevelissaient le corps du défunt bonnetier pour la cérémonie du lendemain matin, chant dont les strophes suivantes peuvent être regardées comme une imitation moderne :

> Esprit pur, invisible essence,
> Qui, près de t'envoler dans les airs pour jamais,
> Sembles avec regret priver de ta présence
> Le corps que toi seule animais,
>
> Afin de démasquer le crime,
> Avant de te venger, ah! suspends ton essor;
> Avant de t'élancer au ciel, ou dans l'abîme,
> Jusqu'à demain attends encor.
>
> A l'aspect de la main perfide
> Qui si cruellement s'appesantit sur toi,
> Quand tu reconnaîtras les pas de l'homicide,
> Dont le bruit te glaça d'effroi,
>
> On verra, grace à ton empire,
> La blessure s'ouvrir et tous les nerfs trembler,
> Et le sang, jaillissant, prendre une voix pour dire :
> Le sang, pour le sang doit couler !

Tout endurci qu'il était, le docteur éprouva une certaine répugnance à franchir le seuil de la maison de l'homme dont il avait causé la mort, quoique par l'effet d'une méprise.

— Laissez-moi passer, femmes, dit-il; mon art ne peut soulager que les vivans : nous ne pouvons rien sur les morts.

— Oui, mais c'est en haut qu'est le pauvre petit.... Venez, venez.

Et Dwining fut forcé de les suivre. Mais il fut surpris, du moment où il eut mis le pied dans le passage, d'entendre les bonnes vieilles qui étaient occupées à ensevelir le corps suspendre tout à coup leur chant, et l'une d'elles dire à l'autre :

— Au nom de Dieu, qui est entré? Je viens de voir une grosse goutte de sang.

— Non, non, dit une autre voix; c'est une goutte de baume.

— Non, commère, c'était du sang. Je le demande encore, qui vient d'entrer dans la maison?

L'une d'elles ouvrit la porte qui donnait sur le passage où Dwining, sous prétexte de ne pas bien voir l'échelle par laquelle il devait monter dans la partie supérieure de cette maison de lamentation, s'était arrêté, déconcerté par le peu de mots qu'il venait d'entendre.

— Eh! ce n'est que maître Henbane Dwining, dit une des sibylles.

— Ce n'est que maître Dwining, reprit celle qui avait parlé la première, d'un ton de satisfaction, notre meilleur consolateur dans nos afflictions. Alors c'était une goutte de baume, à coup sûr.

— Non, dit l'autre; il se peut encore que ce fût une goutte de sang; car le docteur, voyez-vous, lorsque le corps fut trouvé, reçut l'ordre des magistrats de sonder la blessure avec ses instrumens, et comment le pauvre cadavre pouvait-il savoir qu'il le faisait dans de bonnes intentions?

— Oh! vous avez raison, commère; et comme le voisin Olivier, le cher homme, prenait souvent ses amis pour ses ennemis, lorsqu'il était en vie, on ne peut penser que son jugement soit beaucoup plus sain maintenant qu'il est mort.

Dwining n'en entendit pas davantage, ayant été entraîné jusqu'au pied de l'échelle, et de là porté presque dans une espèce de grenier où Madeleine était assise sur son lit solitaire serrant contre son sein son enfant, dont la figure déjà noire et la respiration pénible et entrecoupée semblaient annoncer qu'il était au moment de terminer sa courte existence. Un dominicain était assis près du lit, tenant l'autre enfant dans ses bras, et paraissant de temps en temps adresser un mot ou deux de consolations spirituelles, ou faire quelque remarque sur la maladie de l'enfant.

Le médecin jeta sur le bon père un seul regard, rempli de ce dédain profond que les hommes de la science éprouvent pour ceux qui leur semblent se mêler de ce qui ne les regarde pas. Les secours qu'il administra furent aussi prompts qu'efficaces. Il arracha l'enfant des mains de sa mère, lui découvrit la gorge, ouvrit une veine, et le sang, en coulant avec abondance, soulagea à l'instant le petit malade. Déjà tout symptôme dangereux avait disparu, et Dwining, ayant bandé la blessure, remit l'enfant entre les bras de sa mère éperdue.

Tant que la vie de son fils avait été en danger, la douleur de la veuve avait été suspendue pour faire place à l'angoisse déchirante de la mère; mais lorsqu'elle sut qu'il était sauvé, le sentiment de la perte qu'elle avait faite revint l'assaillir de nouveau avec la force d'un torrent qui a brisé l'écluse qui pendant un moment l'avait comprimé.

— Hélas! très-savant docteur, dit-elle, vous retrouvez bien pauvre celle que vous avez connue plus riche autrefois; mais les mains qui ont rendu ce cher enfant à ma tendresse ne doivent pas s'en aller vides. Généreux, excellent maître Dwining, acceptez son chapelet... les grains en sont d'ivoire et d'argent.... Il aimait toujours à avoir tout aussi beau qu'un gentilhomme, et, dans toute sa manière d'être, il ressemblait plus à un gentilhomme que pas un de nous, et voilà ce qui lui en est advenu.

En disant ces mots dans un muet accès de douleur,

elle pressa sur son cœur et contre ses lèvres le chapelet de son défunt mari, et le mit entre les mains de Dwining.

— Prenez-le, dit-elle, pour l'amour de quelqu'un qui vous aimait bien. Ah! il avait coutume de dire que si jamais un homme pouvait être ramené des bords du tombeau, ce devait être par maître Dwining, et son enfant en est revenu aujourd'hui, tandis que lui il est étendu là, raide et glacé, sans se douter que son fils a été malade ni qu'il est guéri. Ah! malheureuse! malheureuse! Mais prenez le chapelet, et pensez à sa pauvre ame quand vous le tiendrez entre les doigts. Il n'en sortira que plus vite du purgatoire, si les bonnes personnes comme vous veulent prier pour lui.

— Reprenez vos grains, femme; je n'entends rien aux sortilèges ni aux jongleries, dit le médecin, qui, plus ému peut-être qu'il n'eût cru son cœur endurci susceptible de l'être, s'efforçait de repousser le don de sinistre présage; mais les derniers mots qu'il avait prononcés offensèrent le moine, auquel il ne songeait plus, et qu'il croyait bien loin.

— Qu'est-ce à dire, monsieur le docteur? dit le dominicain; appelez-vous les prières pour les morts des jongleries? Je sais que Chaucer, l'auteur anglais, dit de vous autres médecins que la Bible n'est pas ce que vous étudiez beaucoup. Notre sainte mère l'Église a sommeillé quelque temps, mais à présent ses yeux sont ouverts pour distinguer ses amis de ses ennemis, et soyez bien convaincu....

— Eh mais, très-révérend père, dit Dwining, vous ne m'avez pas laissé finir ma phrase. Je disais que je ne pouvais point faire de miracles, et j'allais ajouter que comme l'Église pouvait assurément en opérer, c'était entre vos mains qu'il fallait remettre ce riche chapelet, pour que vous en fissiez l'usage le plus convenable pour le soulagement de l'ame du défunt.

En disant ces mots, il laissa tomber le chapelet dans les mains du dominicain, et sortit précipitamment de cette maison de deuil.

— Voilà une singulière visite, se dit-il à lui-même dès qu'il se vit dans la rue. Je ne sais par quelle sotte idée, moi qui ne tiens pas beaucoup à ces misères-là, je ne suis pas fâché d'avoir sauvé la vie de ce criard d'enfant; mais rendons-nous vite chez mon ami Smotherwell, qu'il ne me sera pas difficile de faire entrer dans mes projets au sujet de Bonthron ; et ainsi je sauverai deux vies, tandis que je n'en ai détruit qu'une, après tout.

CHAPITRE XXIII.

———

L'ÉGLISE de Saint-Jean à Perth, étant celle du saint patron de la ville, avait été choisie par les magistrats comme la plus convenable et la mieux disposée pour la cérémonie. Les églises et couvens des dominicains, des chartreux, et autres du clergé régulier, avaient été richement dotées par le roi et les nobles ; aussi le conseil de ville fut-il unanimement d'avis que leur bon vieux saint Jean, dont ils étaient sûrs d'avoir les bonnes graces, et sur lequel ils pouvaient compter entièrement, devait être préféré aux nouveaux patrons pour lesquels les dominicains, les chartreux, les carmélites et autres avaient fondé de nouvelles demeures autour de la Belle Ville. La mésintelligence qui régnait entre le clergé régulier et le clergé séculier augmenta encore l'espèce de jalousie qui dicta le choix du lieu où le ciel devait opérer une sorte de miracle, en vertu de l'appel direct qui allait être fait à la décision divine dans un cas de meurtre douteux ; et le greffier de la ville désirait aussi vivement que l'Église de Saint-Jean fût préférée, que s'il y avait eu dans le corps des saints un parti pour et un parti contre les intérêts de la noble cité.

Aussi ne saurait-on croire combien de petites intrigues se tramèrent au sujet du choix de l'église. Mais les magistrats, considérant que c'était une affaire qui touchait de très-près l'honneur de Perth, décidèrent, par un sentiment judicieux de confiance en la justice et en l'impartialité de leur patron, qu'ils en remettraient la décision à l'influence de saint Jean.

Ce fut donc après que la grand'messe eut été célébrée avec toute la solennité que les circonstances pouvaient donner à la cérémonie, et après que la nombreuse assemblée des fidèles eut adressé au ciel les plus ferventes prières, que les préparatifs furent faits pour en appeler au jugement direct du ciel, au sujet du meurtre mystérieux du pauvre bonnetier.

Le spectacle avait ce caractère imposant et solennel que les rites catholiques sont si propres à donner. La fenêtre de l'est, dont les vitraux étaient richement peints, répandait un jour tout à la fois vif et doux sur le maître-autel, devant lequel étaient étendus sur un cercueil les restes mortels de l'homme assassiné, les bras croisés sur la poitrine et les mains appliquées l'une contre l'autre avec les doigts levés en l'air, comme si l'argile insensible en appelait elle-même au ciel pour obtenir vengeance de ceux qui avaient séparé violemment l'ame immortelle de son enveloppe mutilée.

Près du cercueil s'élevait le trône où étaient assis Robert d'Écosse et son frère Albany. Le prince était sur un tabouret plus bas à côté de son père, arrangement qui occasiona quelques remarques, le siège d'Albany ne différant guère de celui du roi, tandis que l'héritier présomptif, quoique ayant atteint l'âge de majorité, semblait être ravalé au-dessous de son oncle en présence de tout le peuple assemblé. Le cercueil était placé de manière à ce qu'on pût voir de toutes les parties de l'église le corps qu'il contenait.

A la tête du cercueil se tenait debout le chevalier de Kinfauns, le poursuivant, et au pied était le jeune comte de Crawford, comme représentant le défendant. Le témoignage du duc de Rothsay, en purgeant, c'était l'expression, sir John Ramorny, l'avait exempté de la nécessité de comparaître comme partie soumise à l'épreuve, et sa maladie lui servit de motif pour ne point sortir de chez lui. Toute sa maison, en y comprenant ceux qui, quoique au service immédiat de sir John, étaient regardés comme les domestiques du prince, et qui n'avaient pas encore reçu leur congé, se composait de dix ou douze hommes, la plupart connus pour être de mauvais sujets, et que par conséquent on pouvait très-bien croire capables d'avoir, à la suite de quelque débauche, commis le meurtre en question. Ils étaient rangés sur une seule ligne le long du côté gauche de l'église, et portaient une espèce de casaque blanche, assez semblable au costume d'un pénitent. Tous les regards étant fixés sur eux, quelques-uns semblaient si déconcertés, que les spectateurs pouvaient en tirer de fortes présomptions de leur culpabilité. Le véritable assassin faisait seul bonne contenance; il avait une de ces figures sombres et graves que jamais l'influence du vin ni de la bonne chère n'avait déridée, et sur laquelle ni la crainte, ni la mort, ni le danger d'être dénoncé ne pouvaient faire impression.

Nous avons déjà indiqué la position du cadavre. La

figure était découverte, ainsi que les bras et la poitrine. Le reste du corps était enveloppé dans un linceul de toile de la plus grande finesse, afin que si le sang venait à couler de quelque endroit couvert, on ne pût manquer de s'en apercevoir à l'instant.

Après la célébration de la grand'messe, qui fut suivie d'une invocation solennelle à Dieu pour qu'il lui plût de protéger l'innocent et de faire connaître le coupable, Eviot, page de sir Ramorny, fut appelé pour subir l'épreuve. Il s'avança d'un pas mal assuré. Peut-être pensait-il que la conviction où il était intérieurement que Bonthron était l'assassin suffirait pour l'impliquer dans le crime, sans qu'il y eût pris directement part. Il s'arrêta devant le cercueil, et sa voix trembla lorsqu'il jura par ce qui avait été créé en sept jours et en sept nuits, par le ciel, par l'enfer, par sa part du paradis, et par le Dieu et l'auteur de toutes choses, qu'il était innocent de l'attentat sanglant commis sur le corps devant lequel il était debout, et sur la poitrine duquel il fit le signe de la croix, comme pour attester qu'il disait la vérité. Le corps resta aussi raide qu'auparavant ; le sang ne sortit par aucune blessure.

Les bourgeois de Perth se regardèrent l'un l'autre d'un air de morne désappointement. Ils s'étaient persuadés qu'Eviot était coupable, et leurs soupçons avaient été confirmés par sa démarche incertaine et par sa voix tremblante ; aussi leur surprise de le voir échapper fut-elle extrême. Les autres domestiques de Ramorny prirent courage, et s'avancèrent pour prêter le serment avec une hardiesse qui augmenta à mesure qu'ils subissaient l'épreuve l'un après l'autre, et qu'ils étaient déclarés par la voix des juges lavés de tous les soupçons qui pouvaient planer sur eux relativement au meurtre d'Olivier Proudfute.

Mais il y eut un individu qui n'éprouva point ce redoublement de confiance. Trois fois le nom de Bonthron retentit sous la voûte de l'église sans que celui qui le portait répondît à l'appel autrement que par une sorte de mouvement convulsif avec son pied, comme s'il eût été tout à coup frappé de paralysie.

— Parle, chien, lui dit tout bas Eviot, ou prépare-toi à mourir comme un chien !

Mais le meurtrier était tellement troublé par le spectacle qu'il avait devant les yeux, que les juges, voyant son embarras, hésitaient s'ils le feraient traîner de force devant le cercueil, ou s'ils prononceraient un jugement par défaut; et ce ne fut que lorsqu'on lui demanda pour la dernière fois s'il voulait se soumettre à l'épreuve, qu'il répondit avec sa brièveté ordinaire :

— Non, je ne veux point. Sais-je, moi, à quelles jongleries on peut avoir recours pour perdre un pauvre homme ? J'offre le combat à quiconque prétend que j'ai fait le moindre mal à ce corps.

Et, suivant l'usage, il jeta son gant sur le pavé de l'église.

Henry Smith s'avança aussitôt au milieu d'un murmure général d'approbation que la présence même du roi ne put entièrement comprimer, et ramassant le gant du scélérat, qu'il mit à sa toque, il jeta le sien selon la forme ordinaire, en signe qu'il acceptait le combat; mais Bonthron ne le releva point.

— Il n'est pas mon égal, murmura le sauvage, et il n'a point qualité pour relever mon gant. Je suis attaché à la maison du prince d'Écosse en servant son grand-écuyer. Ce drôle est un misérable artisan.

Le prince l'interrompit. — Tu es attaché à ma maison, malheureux! eh bien, je te chasse à l'instant. Prends-le, Smith, et frappe sur lui comme tu n'as jamais frappé sur ton enclume! — C'est un coquin et un lâche coquin, qui n'a pas même le courage de soutenir son crime. Je ne puis le regarder sans dégoût, et si mon auguste père veut bien m'en croire, il donnera à l'un et à l'autre une bonne hache écossaise, et nous verrons avant une demi-heure d'ici lequel des deux l'emportera.

Le comte de Crawford et sir Patrice Charteris, parrains des deux parties, y consentirent volontiers, et comme les champions étaient d'un rang inférieur, ils décidèrent qu'ils combattraient le casque en tête, vêtus du justaucorps de buffle, et avec des haches, dès qu'ils auraient pu se préparer au combat.

Il ne restait plus qu'à désigner la lice. On choisit la place des Fourreurs, grand emplacement voisin, occupé par la corporation qui lui donnait son nom, et où l'on eut bientôt disposé pour les combattans un espace d'environ trente pieds de long sur vingt-cinq de large. Nobles, prêtres et vilains, tous s'y portèrent en foule, à l'exception du vieux roi qui, détestant ces scènes sanglantes, se retira dans son palais, et nomma pour présider au combat le comte d'Errol, lord grand-connétable, à qui sa place en faisait un devoir particulier. Le duc d'Albany examinait attentivement tout ce qui se passait, mais en même temps avec beaucoup de circonspection ; son neveu regarda la scène avec l'irréflexion et l'imprudence qui caractérisaient toutes ses actions.

Lorsque les combattans parurent dans l'arène, rien n'eût pu offrir un contraste plus frappant que la physionomie mâle et ouverte de l'armurier, dont l'œil étincelant semblait déjà briller de l'espoir de la victoire, et le regard morne et abattu de Bonthron, qui avait l'air de quelque oiseau de nuit chassé de sa sombre retraite, et forcé de paraître au grand jour. Ils jurèrent l'un après l'autre que la cause qu'ils défendaient était juste; formalité que Henry Gow remplit avec une noble confiance, et Bonthron d'un air sombre, mais résolu, qui fit dire au duc de Rothsay, qui était auprès du grand-connétable : — Examinez bien la figure de ce drôle; avez-vous jamais vu, mon cher Errol, un pareil mélange de malignité, de cruauté, et en même temps de crainte?

— Il n'est pas beau, dit le comte, mais c'est un redoutable coquin, à ce que j'ai vu.

— Je gagerais un muid de vin contre vous, mon cher lord, qu'il aura le dessous. Henry l'armurier est aussi robuste que lui, et il est bien plus leste; et puis regardez son air d'assurance. Il y a dans la figure de l'autre drôle quelque chose qui répugne et qui révolte. Donnez vite le signal, mon cher connétable, car en vérité il fait mal à voir.

Le grand-connétable s'adressa alors à la veuve, qui, en grand deuil, et ayant toujours ses enfans à côté d'elle, occupait un siège dans l'enceinte de la lice. — Femme, acceptez-vous cet homme, Henry l'armurier, pour votre champion dans cette affaire?

— Oui, je l'accepte, je l'accepte avec le plus grand

plaisir, répondit Madeleine Proudfute; et puisse la bénédiction du ciel et de saint Jean lui donner aide et protection, puisqu'il combat pour la veuve et pour les orphelins!

— Je déclare donc que ceci est un champ-clos, dit le connétable à haute voix. Que personne, sous peine de mort, ne se permette d'interrompre ce combat par parole, par signal ou par regard. — Sonnez, trompettes; champions, combattez.

Les trompettes retentirent, et les combattans, s'avançant des deux extrémités de la carrière d'un pas ferme et égal, se regardèrent attentivement, habiles à juger, d'après le mouvement de l'œil, la direction dans laquelle le premier coup allait être porté. Ils s'arrêtèrent en face à portée l'un de l'autre, et ils firent tour à tour plus d'une feinte, chacun pour éprouver l'activité et la vigilance de son antagoniste. A la fin, soit qu'il fût las de ses manœuvres, ou soit qu'il craignit qu'en continuant de la sorte il ne perdît l'avantage que lui donnait sa force gigantesque, et qu'il ne fût harcelé avec succès par l'armurier plus agile, Bonthron leva sa hache redoutable, et pesant sur son arme de toute la force de ses bras vigoureux, il voulut en décharger un coup terrible sur la tête de son adversaire; mais celui-ci l'esquiva en se jetant de côté, car il eût fait de vains efforts pour chercher à le parer. Avant que Bonthron pût se remettre sur ses gardes, Henry lui assena à travers son casque un coup qui l'étendit à terre.

— Avoue ton crime ou meurs, dit le vainqueur en posant le pied sur le corps de son adversaire, et en lui mettant sur la gorge la pointe de la hache qui formait une sorte de poignard.

— J'avouerai tout, dit l'assassin en jetant un regard sauvage vers le ciel; laissez-moi me relever.

— Quand tu te seras rendu, dit Henry Smith.

— Je me rends, murmura de nouveau Bonthron, et Henry proclama à haute voix que son antagoniste était vaincu.

Les ducs de Rothsay et d'Albany, le grand-connétable et le prieur du couvent des dominicains entrèrent alors dans la lice, et s'adressant à Bonthron, ils lui demandèrent s'il s'avouait vaincu.

— Oui, répondit le mécréant.

— Et coupable du meurtre d'Olivier Proudfute?

— Je le suis, mais je l'ai pris pour un autre.

— Et qui donc croyais-tu frapper? demanda le prieur. Parle, mon fils, et par un aveu sincère mérite ton pardon dans un autre monde, car tu n'as pas grand chose à attendre de celui-ci.

— Je croyais, répondit Bonthron, frapper celui dont la main vient de me renverser, dont le pied presse à présent ma poitrine.

— Bénis soient les saints! dit le prieur; à présent tous ceux qui douteraient encore de la vertu de cette épreuve sacrée peuvent reconnaître leur erreur. Il est pris lui-même dans le piège qu'il avait tendu à l'innocent.

— C'est à peine si je connais cet homme, dit l'armurier; jamais je ne lui ai fait aucun mal, ni à lui ni aux siens. Votre Révérence voudrait-elle bien lui demander pourquoi il aurait eu l'idée de m'assassiner lâchement?

— C'est une question convenable, répondit le prieur. Rendez gloire à qui elle est due, mon fils, quand même ce devrait être à votre honte. Pour quelle raison vouliez-vous tuer cet armurier, qui dit qu'il ne vous a jamais fait aucun mal?

— Il en avait fait à celui que je servais, répondit Bonthron, et ce fut par son ordre que je méditai ce coup.

— Par l'ordre de qui? demanda le prieur.

Bonthron garda un moment le silence, puis il dit:
— Il est trop puissant pour que je puisse le nommer.

— Écoutez, mon fils, dit le prêtre : encore quelques instants, et les grands comme les petits de la terre ne seront pour vous que de vaines ombres. On prépare dans ce moment même la charrette qui doit vous conduire au lieu de l'exécution. Encore une fois, mon fils, je vous conjure d'avoir égard au salut de votre ame en glorifiant le ciel et en disant la vérité. Est-ce votre maître, sir John Ramorny, qui vous a poussé à une action aussi infame?

— Non, répondit l'assassin toujours étendu contre terre, c'était un plus puissant que lui. Et en même temps il montra du doigt le prince.

— Misérable! dit le duc de Rothsay étonné; osez-vous faire entendre que je fus votre instigateur?

— Vous-même, milord, répondit le traître sans se déconcerter.

— Meurs dans ton imposture, vil esclave! s'écria le prince; et tirant son épée, il en aurait percé le calomniateur, si le lord grand-connétable n'eût interposé son autorité.

— Votre Grace voudra bien m'excuser si je remplis mon devoir. Il faut que ce malheureux soit remis entre les mains du bourreau. Il n'est pas digne de périr de la main d'un autre, encore moins de celle de Votre Altesse.

— Eh quoi! noble comte, dit Albany à haute voix et avec une émotion véritable ou affectée, voulez-vous que ce scélérat aille remplir les oreilles du peuple de fausses accusations contre le prince d'Écosse? Qu'il soit mis en mille pièces sur la place!

— Votre Altesse me pardonnera, dit le comte d'Errol; mais il faut que la sentence soit exécutée.

— Eh bien donc! qu'il soit bâillonné à l'instant même, dit Albany. — Et vous, mon royal neveu, pourquoi rester ainsi pétrifié d'étonnement?..... Rappelez votre courage... Parlez au prisonnier... Jurez, protestez par tout ce qu'il y a de sacré, que vous n'aviez aucune connaissance de cet acte de félonie... Voyez comme on se regarde, comme on chuchotte autour de nous... Je gagerais ma vie que cette imposture se répandra plus vite que si c'était une vérité de l'Évangile... Parlez-leur mon royal parent; peu importe ce que vous direz, pourvu que vous répondiez par un démenti formel.

— Comment, monsieur! dit Rothsay en sortant tout à coup de sa stupeur, et en se retournant fièrement vers son oncle, voudriez-vous que j'engageasse ma parole royale contre celle de cet être abject? Que ceux qui peuvent croire le fils de leur souverain, le descendant de Bruce, capable de dresser une embûche contre les jours d'un pauvre artisan, jouissent du plaisir de se figurer que ce scélérat dit la vérité.

— Ce ne sera pas moi du moins, dit l'armurier avec assurance. Je n'ai jamais rien fait à Sa Grace le duc de Rothsay; jamais il n'a manifesté aucune aigreur contre moi, ni en paroles, ni par regard, ni en action;

et je ne puis croire qu'il eût autorisé une semblable trahison.

— N'était-ce rien que de jeter Son Altesse du haut d'une échelle dans Curfew-Street, dans la nuit du lundi gras? dit Bonthron; et pensez-vous que ce soit une faveur dont on puisse savoir beaucoup de gré?

Ces paroles furent prononcées d'un ton si décidé, et l'accusation semblait si plausible, que la conviction où avait été l'armurier de l'innocence du prince en fut ébranlée.

— Hélas! milord, dit-il en regardant Rothsay d'un air douloureux, serait-il possible que Votre Altesse eût voulu attenter aux jours d'un innocent pour avoir défendu, comme c'était son devoir, une pauvre fille? — Plût au ciel que j'eusse péri dans ce combat, plutôt que de vivre pour entendre parler ainsi de l'héritier du grand Bruce!

— Tu es un brave garçon, Smith, dit le prince; mais je ne puis m'attendre à ce que tu juges plus sagement que les autres. — Qu'on mène ce scélérat à la potence; qu'on l'y expose vivant, si cela vous fait plaisir, afin qu'il puisse mentir impudemment, et débiter ses calomnies contre nous jusqu'au dernier moment de son existence.

En disant ces mots le prince s'éloigna, dédaignant de remarquer les sombres regards qu'on jetait sur lui à mesure que la foule s'écartait lentement et avec répugnance pour le laisser passer, et n'exprimant ni surprise ni mécontentement d'un murmure, ou plutôt d'une sorte de gémissement sourd et prolongé, qui accompagna son départ. Il n'y eut qu'un petit nombre des personnes de sa suite qui se retirèrent avec lui, quoique plusieurs seigneurs eussent grossi son cortège à son arrivée. Les citoyens de la classe inférieure cessèrent même de suivre le malheureux prince, que sa réputation équivoque avait déjà exposé à tant de reproches d'inconséquence et de légèreté, et autour duquel semblaient planer alors les soupçons les plus odieux.

Il se dirigea lentement et d'un air pensif vers l'église des Dominicains; mais les nouvelles sinistres, qui volent avec une vitesse passée en proverbe, étaient arrivées jusqu'à la retraite de son père avant qu'il parût lui-même. Lorsqu'il entra dans le palais, et qu'il demanda après le roi, le duc de Rothsay fut surpris d'apprendre qu'il était en grande consultation avec le duc d'Albany, qui montant à cheval au moment où le prince s'était éloigné du lieu du combat, était arrivé au couvent avant lui. Il allait user du privilège que lui donnaient son rang et sa naissance pour entrer dans l'appartement du roi, lorsque Mac Louis, le commandant des Brandanes, lui fit entendre, dans les termes les plus respectueux, qu'il avait l'ordre exprès de ne point l'introduire.

— Entrez du moins, Mac Louis, et qu'ils n'ignorent pas que j'attends leur bon plaisir, dit le prince. Si mon oncle désire qu'on apprenne qu'il a eu le pouvoir de faire refuser au fils la porte de son père, ce sera un plaisir pour lui de savoir que j'attends dans l'antichambre comme un laquais.

— Ne vous déplaise, dit Mac Louis avec quelque hésitation, si Votre Altesse voulait consentir à se retirer pour quelques instans, et à attendre avec patience, je l'enverrais prévenir dès que le duc d'Albany serait parti; et je ne doute point qu'alors Sa Majesté n'admette Votre Altesse en sa présence. A présent, Votre Altesse me pardonnera, mais il m'est impossible de le laisser entrer.

— Je vous entends, Mac Louis; mais allez néanmoins, et exécutez mes ordres.

L'officier obéit, et il revint dire que le roi était indisposé, et qu'il allait se retirer dans ses appartemens particuliers; mais que le duc d'Albany allait se rendre auprès du prince d'Écosse.

Il s'écoula cependant une grande demi-heure avant que le duc d'Albany parût, espace de temps que Rothsay passa tantôt dans un morne silence, et tantôt en propos futiles avec Mac Louis et les Brandanes, suivant que la légèreté ou l'irritation de son caractère prenait le dessus.

Enfin le duc arriva; il était accompagné du lord grand-connétable, qui avait un air triste et embarrassé.

— Beau neveu, dit le duc d'Albany, je suis fâché d'avoir à vous annoncer que mon auguste frère est d'avis qu'il sera bon, pour l'honneur de la famille royale, que vous vous astreigniez pendant quelque temps à ne point sortir de la maison du grand-connétable, et que vous consentiez à n'avoir, sinon pour seule, du moins pour principale compagnie, que le noble comte ici présent, jusqu'à ce que les propos affligeans qui se sont répandus aujourd'hui aient été réfutés ou oubliés.

— Qu'est-ce à dire, lord Errol? dit le prince stupéfait; votre maison doit-elle devenir ma prison, et Votre Seigneurie est-elle mon geôlier?

— Les saints m'en préservent, milord, dit le comte

d'Errol; mais mon devoir m'oblige malheureusement à exécuter les ordres de votre père, en regardant pendant quelque temps Votre Altesse royale comme placée sous ma tutelle.

— Le prince, l'héritier de l'Écosse, sous la tutelle du grand-connétable! Et quelle raison allègue-t-on pour cela? la langue envenimée d'un indigne scélérat a-t-elle le pouvoir de ternir mon écusson royal?

— Tant que de telles accusations ne sont ni réfutées ni contredites, mon neveu, dit le duc d'Albany, elles souilleraient celui d'un monarque.

— Contredites, milord! s'écria le prince, par qui sont-elles avancées, si ce n'est par un misérable, trop infame, même de son propre aveu, pour mériter d'être cru un seul instant, quand même ce ne serait pas l'honneur d'un prince, mais celui du dernier mendiant, qu'il tenterait de flétrir? Faites-le venir, qu'on lui montre des instrumens de torture, et vous l'entendrez bientôt rétracter les calomnies qu'il a eu le front d'inventer.

— Le gibet a trop bien fait son devoir pour laisser Bonthron sensible à la torture, dit le duc d'Albany; il y a une heure qu'il a été exécuté.

— Et pourquoi cette hâte, milord? dit le prince; savez-vous bien qu'on pourrait dire qu'on ne l'a fait que pour flétrir mon nom?

— La loi est positive. Le combattant qui succombe dans l'épreuve du combat doit être mené immédiatement du champ-clos à la potence; et cependant, beau neveu, ajouta le duc d'Albany, si vous aviez repoussé fortement et hardiment l'imputation, j'aurais cru devoir laisser vivre ce misérable jusqu'à plus ample informé; mais comme Votre Altesse a gardé le silence, j'ai cru que le mieux était d'étouffer le scandale dans la bouche de celui qui l'avait préparé.

— Par sainte Marie, milord, c'est par trop insultant! Vous, mon oncle, me supposez-vous capable de conseiller un attentat aussi indigne que celui dont le vil esclave s'est avoué coupable?

— Il ne m'appartient pas d'échanger des questions avec Son Altesse, autrement je lui demanderais à mon tour si elle compte nier aussi l'attaque à peine moins indigne, quoique moins sanglante, dont la maison de Curfew-Street fût l'objet! Ne vous fâchez pas, mon neveu, mais en vérité il est absolument nécessaire que vous vous séquestriez pour quelque temps de la cour, ne fût-ce que pendant le séjour du roi dans cette ville, qui a eu tant de sujets de plaintes.

Rothsay s'arrêta lorsqu'il entendit cette exhortation, et jetant sur le duc un regard très-expressif, il répondit:

— Mon oncle, vous êtes un excellent chasseur; vous avec tendu vos toiles avec beaucoup d'adresse: néanmoins tous vos efforts auraient été inutiles, si le cerf n'était venu se précipiter de lui-même au milieu de vos filets. Dieu vous exauce, et puissiez-vous retirer de cette affaire tout le fruit que vos mesures méritent. Dites à mon père que j'obéis à ses volontés. Lord Errol, je suis à vos ordres, et prêt à vous suivre quand vous le voudrez. Puisque je dois avoir un tuteur, on ne pouvait du moins m'en donner un qui me fût plus agréable.

L'entrevue entre l'oncle et le neveu étant ainsi terminée, celui-ci se retira avec le comte d'Errol; les citoyens qu'ils rencontraient dans les rues se détournaient dès qu'ils apercevaient le duc de Rothsay, pour ne pas être dans l'obligation de saluer un prince qu'ils avaient appris à regarder comme un libertin aussi cruel que licencieux. Le duc et son hôte entrèrent dans la maison du connétable, également charmés de quitter les rues, et cependant éprouvant tous deux un malaise évident de se trouver seuls, dans la position où ils étaient vis-à-vis l'un de l'autre.

Il faut maintenant que nous retournions sur la place où le combat s'était livré, et que nous nous reportions au moment où les nobles venaient de se retirer; la foule se sépara alors en deux troupes distinctes. La moins nombreuse, qui était en même temps la mieux composée, offrait la réunion des habitans les plus respectables de Perth, qui félicitaient le vainqueur et se félicitaient les uns les autres de l'issue glorieuse qu'avaient eue leurs démêlés avec les courtisans. Les magistrats étaient si transportés de joie dans cette circonstance, qu'ils prièrent sir Patrice Charteris d'accepter une collation dans la grande salle de l'hôtel-de-ville. On pense bien que le héros de la journée, Henry, y fut invité, et avec des instances telles qu'elles équivalaient à un ordre. Il reçut l'invitation avec un grand embarras, car son cœur était déjà auprès de Catherine Glover. Mais les amis de Simon Glover le décidèrent. Ce vieux bourgeois avait une déférence naturelle et convenable pour la magistrature de la Belle Ville, et il attachait un grand prix à tous les honneurs qui découlaient de cette source.

— Tu ne dois pas songer à t'absenter dans une circonstance aussi solennelle, mon fils Henry, lui dit-il. Sir Patrice Charteris y sera lui-même, et ce sera, ce me semble, une excellente occasion pour toi de gagner ses bonnes graces. Il est possible qu'il te commande une nouvelle armure ; et j'ai moi-même entendu dire au bailli Craigdallie qu'il était question de refourbir le magasin d'armes de la cité. Il ne faut pas négliger tes intérêts, à présent que tu vas avoir une nombreuse famille.

— Taisez-vous, mon père Glover, répondit le vainqueur incertain de ce qu'il devait faire je ne manque point de pratiques, et vous savez que Catherine sera surprise de mon absence ; on va encore aller lui rebattre les oreilles de contes de filles de joie, et c'est ce que je ne veux pas.

— Ne t'inquiète pas de cela, dit le gantier ; mais va, en bourgeois obéissant, où tes supérieurs t'appellent. Je n'en disconviens pas, tu auras quelque peine à faire ta paix avec Catherine au sujet de ce duel ; car elle croit en savoir plus long dans ces sortes d'affaires que le roi et son conseil, l'Église et ses canons, le prévôt et ses baillis. Mais je me charge d'arranger ta querelle avec elle, et je travaillerai si bien pour toi que, quoiqu'il se puisse qu'elle te reçoive demain matin avec quelque chose qui ressemble à des reproches, je te réponds que son humeur se fondra en larmes et en sourires, comme une matinée d'avril qui commence par une pluie douce. Ainsi donc, mon fils, adieu, et viens nous voir demain matin aussitôt après la messe.

L'armurier fut obligé, quoique avec une extrême répugnance, de se rendre aux raisons de son futur beau-père ; et une fois décidé à accepter l'honneur que lui faisaient les notables de la ville, il sortit de la foule, courut chez lui pour mettre ses plus beaux habits ; et bientôt après il se rendit à l'Hôtel-de-Ville, où la table

de chêne massive semblait succomber sous le poids
d'énormes plats de superbes saumons du Tay et de délicieux poissons de mer de Dundee, qui étaient les mets
les plus délicats que permît le saint temps de carême,
tandis que ni le vin, ni l'ale, ni l'hydromel ne manquaient pour les arroser. Les *Waits* ou musiciens du
bourg, jouèrent pendant le repas; et, dans les intervalles de la musique, l'un des ménestrels déclama avec
beaucoup d'emphase une longue description poétique
de la bataille de Blackearnside, livrée par sir William
Wallace et son redoutable capitaine et ami, Thomas
de Longueville, au général anglais Seward : récit que
tous les hôtes savaient par cœur, mais que néanmoins,
plus tolérans que leurs descendans, ils écoutaient avec
le même intérêt que s'il avait eu tout le charme de la
nouveauté. Plusieurs passages qui, comme de raison,
faisaient allusion au courage déployé par l'aïeul du
chevalier de Kinfauns et par les ancêtres d'autres familles de Perth, furent couverts d'applaudissemens,
tandis que les convives se versaient mutuellement de
fortes rasades à la mémoire des héros qui combattaient
à côté du Champion de l'Écosse. La santé de Henry
Smith fut ensuite portée au milieu d'acclamations prolongées, et le prévôt annonça publiquement que les
magistrats avisaient au moyen de lui accorder quelque
privilège éclatant ou quelque récompense honorifique,
pour montrer quel cas ses concitoyens faisaient de son
noble courage.

— Allons donc, n'allez pas faire une chose semblable, n'en déplaise à Vos Honneurs, dit l'armurier avec
la brusque franchise qui lui était ordinaire; qu'on ne
puisse pas dire que la valeur doit être rare dans la ville

de Perth, puisqu'on récompense un homme parce qu'il a pris la défense d'une malheureuse veuve. Je suis sûr qu'il y a une foule de bourgeois à Perth qui auraient fait cette besogne aussi bien ou mieux que moi. Car, en bonne conscience, j'aurais dû briser ce casque comme un pot de terre ; oui, et je n'y aurais pas manqué non plus, si ce n'était pas moi-même qui en avais trempé l'acier pour sir John Ramorny. Mais si la Belle Ville pense que mes services vaillent quelque chose, je m'en croirai plus que payé si vous pouvez, sur les fonds de la commune, accorder quelques secours à la veuve Madeleine et à ses pauvres enfans.

— C'est ce qui pourra très-bien se faire, dit sir Patrice Charteris, et la Belle Ville sera encore assez riche pour payer sa dette envers Henry Smith ; c'est d'ailleurs ce dont nous jugerons tous beaucoup mieux que lui, qui est aveuglé par une vaine délicatesse qu'on appelle modestie. Et si le bourg est trop pauvre pour cela, eh bien, le prévôt en supportera sa part. Les angelots d'or du Corsaire n'ont pas encore tous pris la fuite.

Les flacons circulèrent alors sous le nom de coup de consolation pour la veuve, et une autre rasade fut ensuite vidée à l'heureuse mémoire du défunt Olivier, si bravement vengé. En un mot, ce fut un banquet si joyeux que tout le monde convint qu'il ne manquait, pour le rendre parfait, que la présence du bonnetier lui-même, dont le malheur avait occasioné cette réunion ; Proudfute était ordinairement le boute-en-train de ces sortes de fêtes, et le point de mire de toutes les plaisanteries. S'il eût pu se faire qu'il parût au milieu d'eux, suivant la malicieuse remarque du bailli Craigdallie, il n'aurait pas manqué de revendiquer l'honneur de la journée, et il aurait été prêt à jurer que c'était lui-même qui avait vengé sa mort.

Au son de la cloche qui appelait aux vêpres, la compagnie se sépara; les uns, les plus graves de la société, se rendant pour les prières du soir à l'église, où, les yeux à demi fermés et la figure animée, ils se joignirent en membres très-orthodoxes et très-édifians à une sainte congrégation; d'autres prenant le chemin de leur maison, pour raconter à leur famille tous les incidens du combat et du banquet; et quelques-uns, sans doute, se dirigeant vers quelque taverne privilégiée dont le carême ne tenait pas les portes aussi rigoureusement fermées que l'exigeaient les réglemens de l'Église. Henry retourna chez lui, la tête exaltée par le bon vin et les applaudissemens de ses concitoyens, et il s'endormit pour rêver de bonheur parfait et de Catherine Glover.

Nous avons dit qu'après le combat les spectateurs s'étaient divisés en deux troupes. Pendant que la portion la plus respectable des habitans formait un joyeux cortège pour accompagner le vainqueur, l'autre troupe, beaucoup plus nombreuse, composée de ce qu'on pourrait appeler la canaille, suivait le vaincu, qui se retirait dans une direction différente, et pour un tout autre motif. Quelle que puisse être l'attraction relative d'une scène de deuil, ou d'une scène de joie dans d'autres circonstances, il n'est pas difficile de juger laquelle attirera le plus grand nombre de spectateurs, lorsqu'il s'agira d'être témoins de misères que nous ne devons point partager, ou de plaisir que nous ne devons point goûter. Aussi le tombereau qui conduisait le criminel au lieu de l'exécution fut-il accompagné de la plus grande partie de la population de Perth.

Sur la même charrette que le meurtrier était assis un moine, auquel Bonthron n'hésita pas à répéter, sous le sceau de la confession, les calomnies qu'il avait déjà proférées sur le lieu du combat, et par lesquelles il accusait le duc de Rothsay d'avoir dirigé l'embuscade dont le malheureux bonnetier avait été victime. Sur la route il sema les mêmes impostures parmi la foule, assurant, avec la plus grande effronterie, à ceux qui étaient les plus près de la charrette, qu'il ne mourait que parce qu'il avait consenti à servir d'instrument au duc de Rothsay. Pendant quelque temps il répéta ces paroles d'un air morne et sur le même ton, comme quelqu'un qui récite une leçon ou comme un menteur qui s'efforce, en revenant plusieurs fois à la charge, d'obtenir pour ses paroles un crédit qu'il sent intérieurement qu'elles ne méritent point. Mais lorsqu'il leva les yeux et qu'il aperçut dans l'éloignement l'instrument de son supplice, qui avait au moins quarante pieds de hauteur, lorsqu'il vit la potence, avec son échelle et la corde fatale, se dessiner sur l'horizon, il devint tout à coup silencieux, et le moine put remarquer qu'il tremblait beaucoup.

— Prenez courage, mon fils, dit le bon prêtre; vous avez confessé la vérité, et reçu l'absolution ; votre repentir sera accepté en raison de votre sincérité; et quoique votre cœur ait conçu des pensées criminelles, et que vos mains se soient couvertes de sang, vous n'en serez pas moins, grace aux prières de l'Église, délivré en temps convenable des feux vengeurs du purgatoire.

Ces assurances étaient de nature à augmenter plutôt qu'à diminuer les terreurs du coupable, qui doutait si l'expédient projeté pour le soustraire à la mort serait efficace, et même s'il existait un désir sincère de l'employer en sa faveur; car il connaissait assez bien son maître pour savoir qu'il ne se ferait aucun scrupule de sacrifier un être qui pourrait par la suite devenir un témoin dangereux contre lui.

Cependant son sort était irrévocable, et il n'y avait nul moyen de s'y soustraire. La charrette approchait lentement de l'arbre fatal, qui était dressé sur une éminence au bord de la rivière, à environ un demi-mille des murs de la ville; emplacement choisi pour que le corps du misérable, qui devait rester afin de servir de nourriture aux corbeaux, pût être vu de loin dans toutes les directions. Le prêtre remit alors Bonthron entre les mains du bourreau, qui l'aida à monter à l'échelle, et qui le dépêcha, suivant toutes les apparences, dans les formes ordinaires de la loi. Le malheureux parut lutter une minute contre la mort, mais bientôt après on vit pendre son corps raide et inanimé. L'exécuteur des hautes-œuvres, après être resté à son poste une demi-heure de plus, comme pour attendre que la dernière étincelle de vie fût éteinte, annonça aux admirateurs de pareils spectacles, que les fers pour la suspension permanente du cadavre n'étant pas encore prêts, la cérémonie de vider le corps et de l'attacher au gibet serait différée jusqu'au lendemain matin après le lever du soleil.

Malgré l'heure peu commode qui avait été indiquée, maître Smotherwell vit un rassemblement assez nombreux se former sur le lieu de l'exécution, pour y être témoin des dernières opérations de la justice par rapport à sa victime. Mais quelle fut la surprise et l'indignation de ces amateurs en voyant que le corps avait disparu! Ils ne furent pas long-temps à en deviner la cause. Bonthron avait été au service d'un baron dont les domaines étaient situés dans le comté de Fife, et qui était lui-même natif de cette province. Il était tout naturel que quelques habitans de Fife, dont les barques traversaient continuellement la rivière, eussent enlevé clandestinement le corps de leur compatriote pour le soustraire à la honte d'une exposition publique. La populace exhala sa rage contre Smotherwell pour n'avoir point achevé l'expédition la veille au soir, et s'il ne s'était pas jeté dans une barque avec son valet, et qu'il ne se fût pas sauvé sur le Tay, ils couraient grand risque d'être assommés. Cependant cet événement était trop dans l'esprit du temps pour exciter une grande surprise. Nous verrons dans le volume suivant quelle en était la véritable cause.

FIN DU TOME SECOND.

OEUVRES COMPLÈTES
DE
JAMES FENIMORE COOPER.

Cette édition sera précédée d'une notice historique et littéraire sur les États-Unis d'Amérique; elle formera vingt-sept vol. in-dix-huit, imprimés en caractères neufs de la fonderie de Firmin Didot, sur papier jésus vélin superfin satiné; ornés de vingt-sept gravures à l'eau forte; de vingt-sept titres avec des vignettes représentant des scènes tirées des romans américains et des vues des lieux décrits par l'auteur, gravés en taille-douce par MM. Alfred et Tony Johannot, sur leurs propres dessins, composés d'après des documens authentiques; de neuf cartes géographiques destinées spécialement à chaque ouvrage, par A. Perrot et P. Tardieu; d'une carte générale des États-Unis d'Amérique, et d'un portrait de l'auteur. La traduction est entièrement revue sur le texte, et elle est accompagnée de notes explicatives.

ŒUVRES COMPLÈTES
DE SIR WALTER SCOTT.

Cette édition est précédée d'une notice historique et littéraire. La traduction est entièrement revue sur le texte, et elle est accompagnée de notes explicatives. Elle formera quatre-vingts vol. in-18, ornés de 250 gravures, vignettes et cartes géographiques, et d'un portrait de l'auteur.

CONDITIONS DE LA SOUSCRIPTION AUX DEUX COLLECTIONS.

Il paraît tous les mois une livraison de chacun des auteurs. Chaque livraison se compose de trois vol. de texte et d'un atlas renfermant les planches. Prix :   12 fr.

ON SOUSCRIT, SANS RIEN PAYER D'AVANCE, CHEZ LES ÉDITEURS

CHARLES GOSSELIN, LIBRAIRE
DE S. A. R. M. LE DUC DE BORDEAUX,
Rue St.-Germain-des-Prés, n. 9.

A. SAUTELET ET Cº,
LIBRAIRES,
Place de la Bourse.

www.ingramcontent.com/pod-product-compliance
Lightning Source LLC
Chambersburg PA
CBHW070645170426
43200CB00010B/2131